比　较　译　丛　19

比 较 出 思 想

比较

Comparative Studies

# 全球贸易和国家利益冲突

[美] 拉尔夫·戈莫里（Ralph E.Gomory）
威廉·鲍莫尔（William J.Baumol）◎著
文爽　乔羽◎译

## GLOBAL TRADE AND CONFLICTING NATIONAL INTERESTS

中信出版集团 · 北京

图书在版编目（CIP）数据

全球贸易和国家利益冲突 /（美）拉尔夫·戈莫里，（美）威廉·鲍莫尔著；文爽，乔羽译．-- 2 版．-- 北京：中信出版社，2018.7（2025.7重印）

书名原文：Global Trade and Conflicting National Interests

ISBN 978-7-5086-8915-9

Ⅰ.①全…　Ⅱ.①拉…　②威…　③文…　④乔…　Ⅲ.①国际贸易－研究　Ⅳ.①F74

中国版本图书馆 CIP 数据核字（2018）第 089048 号



全球贸易和国家利益冲突

著　　者：［美］拉尔夫·戈莫里　［美］威廉·鲍莫尔
译　　者：文　爽　乔　羽
校　　对：李　婧
出版发行：中信出版集团股份有限公司
　　　　（北京市朝阳区东三环北路27号嘉铭中心　　邮编　100020）
承 印 者：北京盛通印刷股份有限公司

开　　本：787mm×1092mm　1/16　　印　　张：17.75　　字　　数：150 千字
版　　次：2018 年 7 月第 2 版　　印　　次：2025 年 7 月第 5 次印刷
京权图字：01-2018-3398
书　　号：ISBN 978-7-5086-8915-9
定　　价：58.00 元

谨以此书献给莉莉安·戈莫里-吴（Lilian Gomory-Wu）和希尔达·鲍莫尔（Hilda Baumol）（两位作者的妻子），以及我们的家人。他们的关注和支持是我们写作本书的最大动力。

## 莱昂纳尔·罗宾斯讲座

彼得·特明，《大萧条的启示》，1989 年

保罗·克鲁格曼，《汇率的不稳定性》，1989 年

杰弗里·萨克斯，《波兰向市场经济的跨越》，1993 年

培德·亚斯培，《墨西哥的经济转型之路》，1993 年

叶戈·盖得和卡尔·奥托·保罗，《俄罗斯改革/国际货币》，1995 年

罗伯特·巴罗，《经济增长的决定因素：跨国实证研究》，1997 年

艾伦·布兰德，《中央银行的理论和实践》，1998 年

# 致莱昂纳尔·罗宾斯

1994 年我应邀在伦敦经济学院做罗宾斯年度讲座。当时我和拉尔夫·戈莫里正在研究构成本书主题的相关理论，因此我决定把我们的合作定为讲座的主题内容。由于我与莱昂纳尔·罗宾斯（Lionel Robbins，后来的劳德·罗宾斯）及其夫人艾瑞斯的长期联系具有强烈的个人色彩，因此当我接到讲座邀请时，我很自然地就想到借此宝贵的机会公开我们的研究工作。

我们伦敦讲座之行的一个精彩片段就是有机会将戈莫里夫妇介绍给莱昂纳尔·罗宾斯夫妇的后人，我和他们是 50 年的老朋友，这可以追溯到我在伦敦经济学院求学和执教的时候。在伦敦经济学院，莱昂纳尔·罗宾斯是我的导师，他和他性情可人的妻子成为我和希尔达的亲密朋友。我仍能够记得多年来相处中的逸闻趣事，不过那得另辟章节了。我曾在其他地方描述了我和莱昂纳尔相处的难忘经历，这里，我只想引述其中的一段：

> 莱昂纳尔本人就是那段经历的中心。他高大、魁伟、威严，声音洪亮，气宇轩昂。仅仅将他描述为个性鲜明是远远不够的。他的学生常常会不自觉地模仿他的风格、个人气质和讲话方式。然而他并非个性跋扈，反而有着强烈的幽默感，精彩的逸闻趣事不断。他周到和善，尤其是对年轻人和在私下的场合里更是如此。然而更引人注目的是，他卓越的语言能力、清晰的思路和难以置信的审慎态度……（伦敦经济学院罗宾斯讲座前言，收录在S. G. 麦迪纳和W. J. 萨缪尔斯主编的《经济思想史》，普林斯顿大学出版社，1998 年。）

我们举办这些讲座有很多原因，既有个人方面的，也有职业方面的，但其中之一无疑与莱昂纳尔·罗宾斯紧密相关。他曾经在贸易领域提出许多宝贵的思想，并支持自由贸易的观点。我们也持有同样的观点。这值得一提，是因为本书有可能会被误认为有贸易保护主义的倾向，而事实并非如此。实际上在本书中，我们只考虑自由贸易。我们认为，在现代自由贸易条件下，不再只有一个，而是有多个可能的自由贸易结果，其中的某些结果可以使一国的境况得到改善。我深知莱昂纳尔·罗宾斯对于新观点和合理的争论总是持欢迎态度，我相信他不会对我们的分析或结论感到不快，相反，他将非常乐意理解我们的真实意图。因此将本书与罗宾斯讲座联系起来也许有利于澄清其目的。

我谨将本书献给我们敬爱的莱昂纳尔及其夫人。而且，我们相信他也会以同样的方式做出回应。几周前，我需要在他的几本经典政治经济学著作中查考资料。当我翻开其中一本时，一段献词映入眼帘："献给威廉和希尔达，是他们令严冬有着夏日的热烈。"下面是他亲手写下的"莱昂纳尔谨识"。

这本书使我再次有机会表达我对莱昂纳尔·罗宾斯的热爱和崇敬，我为此深感高兴。

威廉·鲍莫尔

# 目　录

## 第二篇　致专业人士：理论的深化和扩展

# “比较译丛”序

2002年，我为中信出版社刚刚成立的《比较》编辑室推荐了当时在国际经济学界产生了广泛影响的几部著作，其中包括《枪炮、病菌与钢铁》、《从资本家手中拯救资本主义》、《再造市场》（中译本后来的书名为《市场演进的故事》）。其时，通过20世纪90年代的改革，中国经济的改革开放取得阶段性成果，突出标志是初步建立了市场经济体制的基本框架和加入世贸组织。当时我推荐这些著作的一个目的是，通过比较分析世界上不同国家的经济体制转型和经济发展经验，启发我们在新的阶段，多角度、更全面地思考中国的体制转型和经济发展的机制。由此便开启了“比较译丛”的翻译和出版。从那时起至今的十多年间，“比较译丛”引介了数十种译著，内容涵盖经济学前沿理论、转轨经济、比较制度分析、经济史、经济增长和发展等诸多方面。

时至2015年，中国已经成为全球第二大经济体，跻身中等收入国家的行列，并开始向高收入国家转型。中国经济的增速虽有所放缓，但依然保持在中高速的水平上。与此同时，曾经引领世界经济发展的欧美等发达经济体，却陷入了由次贷危机引爆的全球金融危机，至今仍未走出衰退的阴影。这种对比自然地引发出有关制度比较和发展模式比较的讨论。在这种形势下，我认为更有必要以开放的心态，更多、更深入地学习各国的发展经验和教训，从中汲取智慧，这对思考中国的深层次问题极具价值。正如美国著名政治学家和社会学家李普塞特（Seymour Martin Lipset）说过的一句名言："只懂得一个国家的人，他实际上什么国家都不懂（Those who only know one country know no country）。"这是因为只有越过自己的国家，才能知道什么是真正的共同规律，什么是真正的特殊情况。如果没有比较分析的视野，既不利于深刻地认识中国，也不利于明智地认识世界。

相比于人们眼中的既得利益，人的思想观念更应受到重视。就像技术创新可以放宽资源约束一样，思想观念的创新可以放宽政策选择面临的政治约束。无论是我们国家在20世纪八九十年代的改革，还是过去和当下世界其他国家的一些重大变革，都表明"重要的改变并不是权力和利益结构的变化，而是当权者将新的思想观念付诸实施。改革不是发生在既得利益者受挫的时候，而是发生在他们运用不同策略追求利益的时候，或者他们的利益被重新界定的时候”*。可以说，利益和思想观念是改革的一体两面。囿于利益而不敢在思想观念上有所突破，改革就不可能破冰前行。正是在这个意义上，当今中国仍然是一个需要思想创新、观念突破的时代。而比较分析可以激发好奇心、开拓新视野、启发独立思考、加深对世界的理解，因此是催生思想观念创新的重要机制。衷心希望“比较译丛”能够成为这个过程中的一部分。

钱颖一

2015 年 7 月 5 日

---

* Dani Rodrik, “When Ideas Trump Interests: Preferences, Worldviews, and Policy Innovations,” NBER Working Paper 19631, 2003.

# 前言

这部重要的著作源于1994年伦敦经济学院的莱昂纳尔·罗宾斯纪念讲座。威廉·鲍莫尔是世界著名经济学家，莱昂纳尔·罗宾斯最优秀的学生之一；拉尔夫·戈莫里是杰出的应用数学家。

他们选择了当今全球经济中最重要的问题，那就是在一个自由贸易的世界中，一国提高其生产能力是否必然有利于其他所有国家。普通百姓可能会给出否定的答案，而作者则阐释了为什么上述答案是正确的。他们解释了为什么伴随着规模经济和生产率的快速变化，一国获利有时会损害他国，同时说明何时将出现这样的结果而何时不会。他们得出的结论是，一国的福利关键取决于其国际贸易部门的成功。

本书对于全球化的争论是一份宝贵的贡献。它将有力地推动人们研究当今全球经济中出现的重大贸易问题。

理查德·雷亚德

# 序　言

## 关于本书

本书给出了一些思路，对李嘉图及其同代人提出的贸易理论加以修订。在李嘉图时代，贸易约占全球 GDP（国内生产总值）的 1%。从那时起，尽管世界产出飞速增长，但是贸易在 GDP 中的份额上升了 13 倍之多。[①] 这毫无疑问地表明，我们需要研究贸易结构发生的重大变化，而且有关这方面研究的最新文献也非常多，本文将是这些文献的组成部分。

显然，随着国际贸易量的变化，参与国际贸易的商品性质也随之发生了变化。基于自然资源的优势依然存在，

---

① Angus Maddison, *Monitoring the World Economy 1820 - 1992*, *Paris*: *DECD*, 1995.

就像英格兰在专业化生产羊毛方面有优势，而葡萄牙在专业化生产葡萄酒方面有优势，但是现在，后天优势已经占据主导地位。这些优势可能来自某一产业，并获得专有知识、规模经济或范围经济。在知识传播变得非常容易且规模经济不太显著的产业中，还存在着如下可能性，即利用廉价劳动力或其他特有优势在全世界组织生产，然后再通过低成本的现代运输手段把产品运往全球市场。

后一种情形尤其有可能使人们认为经济活动的地域限制现在已经不再重要，因为跨国公司可以从它们开展实际经济活动的世界任何地方汇回利润。然而在大多数情况下，大部分经济收益都留在增值地。利润通常只是经济活动带来的一小部分增值，大部分收益，如工资留在了当地。对一国来说，不管谁拥有公司，重要的是它本身是不是经济活动的中心。

尽管各国不像公司那样直接参与竞争，但是实际发生在其境内的经济活动数量至关重要。就像我们将要在本书中看到的那样，这不仅对那些从事有可能直接经历起落的特定产业的人群至关重要，对整个国家也至关重要。

## 成书经过

我们的合作至今已有 40 年。它始于当时任普林斯顿大学数学系主任的阿尔伯特·塔克（Albert Tucker）告诉鲍莫尔："有个年轻人（即戈莫里）你应当见一见。他刚刚解决了整数规划（integer programming）问题。"我们很快认识了，并立即兴奋不已地投入整数解的经济学解释、它与规模经济的关系以及其他一系列令人着迷的问题中。最后我们合作完成一篇后来被多次引用的论文，多年以后我们回想起那次默契合作，仍然充满感情。

后来我们各自走上不同的道路，戈莫里离开了学府，遨游于数学研究、科学和商业世界（曾任 IBM 研发总监），最近又就任一家研究赞助机构——斯隆基金会的总裁。多年来我们一直互通信息，但未曾有机会合作。

1992 年，我们再次重逢。戈莫里说，他在实业界的职业生涯使他进一步了解到规模经济的重要性、规模经济与整数规划的关系，以及规模经济对国际贸易理论的含义。事实上戈莫里已经做过大量的基础分析，而且他的老朋友，耶鲁大学的赫伯特·斯卡夫（Herbert Scarf）在均衡理论方面的指导也使他受益匪浅。不过，戈莫里强烈地感到，他需要一个长期的合作伙伴，即一位经济学家，以进一步开展他的研究。很自然地，他忆及我们以前令人愉快的合作。经过多次讨论，其间鲍莫尔曾提出反对意见，理由是他从未研究过国际贸易理论或与之直接相关的领域，不过，我们最终还是同意一起进行研究。此后是历时多年的愉快争论、极富乐趣和刺激的困惑或者暂时的意见相左，一篇篇书稿也常常在我们的争论中陆续问世。

## 致　谢

除了我们已经提及的人之外，还有很多人应当接受我们诚挚的谢意，他们中有的人直接为我们的书稿而工作，有的人提供了建设性的建议，有的人给我们提供了至关重要的鼓励。在所有的同事中，我们要深表谢意的人包括贾格迪什·巴格瓦蒂（Jagdish Bhagwati）、阿维纳什·迪克西特（Avinash Dixit）、约翰·贾诺波利斯（John Geanopolis）、吉恩·格罗斯曼（Gene Grossman）、彼得·凯南（Peter Kenen）、达思·奎（Dan Quah）、保罗·萨缪尔森（Paul Samuelson）、卡尔·谢尔（Karl Shell）、马丁·苏比克（Martin Shubik）、罗伯特·索洛（Robert Solow）和弗兰克·斯塔福德（Frank Stafford）。这个名单太长了以至于我们不用将他们的贡献逐一列明。除了这些私人交往外，我们还大大得益于其研究开创了书中所及领域的研究者，尤其是保罗·克鲁格曼（Paul Krugman）、吉恩·格罗斯曼、埃尔赫南·赫普曼（Elhanan Helpman）、威尔福雷德·埃瑟尔（Wilfred Ethier）、弗兰克·斯塔福德和G. F. 约翰逊（G. F. Johnson）。我们列出的参考书目还包括其他许多人的名字，我们在第十章中论述了先驱者的研究工作，试图以此来厘清本书与此前诸多同行努力之间的联系，但这仍然不能让我们全面展示为我们提供诸多启示的思想宝库。

这里我们要特别感谢纽约大学的爱德华·沃尔夫（Edward Wolff），他运用其独特的数据处理能力撰写了本书的一个重要章节。由他撰写的第十一章为工业化国家持续的专业化分工提供了有益的经验证据。

来自斯隆基金会的支持和鼓励也令我们感激不尽。

任何一本书的完成都是许多人努力工作的结晶。这其中就有我们的三位朋友和同事坚定、有益和热情的参与。斯隆基金会的贝弗利·纽曼（Beverly DeMaggio Newman）有效地管理我们的研究工作，不断地在乱中求序，虽然混乱偶尔也会占据上风。普林斯顿大学的休·安妮·贝蒂·布莱克曼（Sue Anne Batey Blackman）通读并修改了大部分书稿，把那些晦涩难懂的字句修改成通俗易懂的字句。最后，纽约大学的吉尼思·罗德里克·刘易斯（Janeece Roderick Lewis）以其娴熟的绘图技能绘制了书中大部分漂亮的图表。与上述三位的合作是令人愉快的，他们给了我们很多其他的帮助，但是若要我们说出他们最突出的贡献，我们希望表达的是他们的帮助何其丰富、何其关键。

我们还必须感谢我们的绘图员马克·马姆里加（Mark Mamrega）（是的，这一设计形式仍然存在），他将复杂的、由特定数学模型计算而来的机械制图转化成可读性和审美性兼具的图表。

在此特别感谢我们各自的妻子对这份事业的重要支持：没有她们本书难以形成。她们的贡献是多方面的。希尔达·鲍莫尔和莉莉安·戈莫里－吴都提出了无数的想法、反应、批评和鼓励。她们付出了极大的耐心，并努力在我们周围营造令我们奋进的氛围。有妻如此，夫复何求！

# 第一篇

# 致非专业人士：现代世界中的国家福利和贸易

为便于阅读，我们将本书分成两个部分。第一篇着重讲述基础内容，给出我们试图传达的思想。我们希望，专业经济学家和所有对全球贸易政策、各国生产率状况以及对发达国家在与欠发达国家和其他工业化国家之间开展贸易往来时具有的比较利益感兴趣的非专业人士都能阅读本书的第一篇。

然而如果本书的第二篇只能引起经济学家的初步兴趣，我们也不会感到失望。第二篇探讨了第一篇未能涵盖的相关问题，我们在第一篇中没有讨论这些问题是因为它们会使讨论复杂化并因而加大理解的难度。第二篇还着重处理了其他一些问题，如统计证据、与本书主题有关的早期经济学著作，以及因修改第一篇中用以简化论述的某些假设而导致的种种结果。

# 第一章

## 现代全球经济和固有的贸易冲突：导言

经济学家笃信的某些真理与非经济学专业人士的习惯看法截然不同。人们并不需要专业训练就能够认识到国外竞争会危及国内的就业机会，或者一度生机勃勃的国内产业有时要让位于外国的竞争对手，因为后者能够以更低的成本或更好的方式生产产品。国际贸易有时会导致一些产业萎缩甚至亏损，即使像汽车或家用电器那样的重要产业也难以幸免，从而引发经营困境或失业等问题。但是经济学家通常坚信，国际贸易使广大消费者能够得到更好的汽车或 CD（激光唱盘）机，由此带来的收益足以弥补上述损失。

这一结论在很大程度上基于悠久而简单的国际贸易模型。在这些模型勾勒的世界里，不受约束的商品交换总能带来收益。通过这种商品交换，各国最终只生产较之他国或其他产品具有自然优势的商品，而且所有参与贸易的国家都可以从那些被有效地生产出来的商品的交换中获益。尽管这些简化[1]的模型经常受到批评，但是，我们必须意识到任何研究大型经济活动的模型都不可能包罗现实世界的复杂性。经济学可以提供有价值的洞见，但其方式只能是关注研究对象的本质属性，忽略那些确实存在但对主题并不非常重要的许多其他因素，只考虑关键因素。

然而，自这些基本国际贸易模型问世以来，世界经济已经发生了翻天覆地的变化。大卫·李嘉图时代科技发展缓慢、工商业不发达的农业化社会已经让位于一个工业制造品、快速演进的技术和大公司占统治地位的社会。这就需要我们重新审视那些古典模型，而这样的重新审视实际上已经出现在经济学文献之中了。[2]

---

① 专家们很久以前就已经意识到，现实要比最基本的理论解释所描述的世界更加复杂。曾经有过一些重要的著作，讨论了这样一些概念，诸如最优关税（例如 Scitovsky，1947）、幼稚产业论中的有效因素，以及一些国家之间撤销关税壁垒但对其他国家却依然保持壁垒，从而有可能损害经济效率的关税同盟协议（Viner，1950），等等。这些分析表明，向着自由放任的方向迈进可能并不总是通向完美之路。

② 关于规模经济在贸易中的作用的分析，充分体现在 Grossman and Helpman（1991）、Helpman and Krugman（1985）以及 Ethier（1982）等人的著作中。在这些文献中，他们意识到，即使存在规模经济，人们也可以合理地相信不受约束的自由贸易的优势，但是不能再把它当成一个简单的问题对待。相反，这些著作表明，在一个以规模经济为特征的世界里，防御性的自由贸易状态必然是基于对贸易问题带来得失的权衡。

我们将在本书中表明，已经卓有成效的古典贸易模型是极其灵活的，可以根据世界经济的新形势加以调整。我们可以在保留其必不可少的简单性的基础上，对这些模型加以修订，以反映大规模经济活动和科技迅速传播的双重影响。

不过，我们修订的理论显示：在国际贸易中确实存在着固有的利益冲突。这意味着一国生产能力的提高往往以牺牲他国的总体福利为代价。允许贸易伙伴与本国产业进行有效竞争，并以此来提高生产能力有可能会使本国全面受损，而不是造福全体公众。这种损害不是我们前面提到的局部危害，或者受影响的产业马上出现就业下降，而是一种波及整个国家的负面效应。

那么，什么时候外国的发展是有利的，什么时候又是有害的呢？不精确地说，我们的观点是，像美国这样的发达国家可以通过帮助相当不发达的国家提高生产能力而从国际贸易中受益。可是，发达国家的利益也决定了它不得不尽可能积极主动地与发展到可比阶段的其他国家展开竞争，以避免受益国家的进步损害自己的利益。

更精确地说，我们想要阐明，一个工业化国家将受益于非常落后的贸易伙伴发展新产业，从而使生产率获得普遍提高。这一受益过程将一直持续到其贸易伙伴达到在全球市场上占有更重要地位的发展水平为止。通常，这种发展水平仍然远远不及发达的工业化国家，但是，这是一个重要的转折点。在这一点之后，该新兴贸易伙伴更多的产业达到该点将不利于发达国家。发达国家将通过激烈的竞争来维持其相对于新兴对手的巨大优势，从而确保其最佳利益。从某种意义上讲，如果发达国家做不到这一点，那么它的经济财富将受到抑制。因此，美国的利益在印度或印度尼西亚等贸易伙伴的发展过程中得到保证，但是从生产率方面看，美国只有尽可能地保持相对于法国、德国和日本等贸易伙伴的领先地位，其境况才会更佳。

对原始模型进行这些重要修正有一个根本原因，那就是现代的自由贸易社会已经大大不同于古典自由贸易模型描述的情况。现在，不存在一个单纯基于国家自然优势之上的最优经济结果。今天的全球经济已经不再强调国际竞争带来的单一最优结果，该结果体现为每个国家都通过生产自然优势最大的产品来实现全球利益最大化。现在，取而代之的是许多可能的结果，而这些结果取决于各国实际上决定做什么，以及它们想发展什么样的生产能力，是自然的还是人为的。

这些结果对各贸易国的经济利益影响不同。其中的一些结果对某一国有利，而另一些结果对另一国有利，还有一些对两个国家都有利。但是，实际情况通常是对一国极为有利的结果往往对另一国极为不利。这一系列结果及其对相关国家截然不同的影响意味着，在现代自由贸易环境下，一国的福利主要取决于国际贸易产业的成功。贸易产业的成败事关整个国家的得失。

## 1.1　多种经济结果：大型产业和高启动成本

在未经修正的古典模型中，各贸易国家的经济结果往往是单一的。包括国际竞争在内的自由市场力量决定着商品在何处生产。从单一的结果中还可以推出各国确定的和理论上可预测的财富程度。产出很少的国家只有很少的东西可供国内消费和国际贸易，生活水平也很低。

经济学教授代代相传的一个著名且相当古老的例子可以说明这一点：如果英国和葡萄牙相互交换葡萄酒和布匹，根据各自的自然优势，葡萄牙最终将生产葡萄酒，而英国则生产布匹。这就是最终的唯一结果。日照不足的英国生产葡萄无论在数量和质量方面都无法使英国的葡萄酒生产商在价格和质量竞争中战胜葡萄牙的葡萄酒生产商。结果是英国的葡萄酒生产商将退出酿酒业，除非葡萄酒的需求超出葡萄牙的生产能力。但是英国的毛羊以及历史悠久的纺织能力使英国在纺织业方面具有比较优势，而这种比较优势又使英国可以在纺织业中获得成功。

正如上述例子表明的，在古典贸易经济模型中，一国生产什么产品完全是预先注定的。由于一国只有作为特定产品的最优供应商才能成为产业中的主要生产商，因此，上述结果总能符合所有贸易国普通大众的经济利益。所谓“最优”就是以最低成本生产固定质量的产品，或者在成本既定的条件下，生产较高质量的产品。

这一经济学理论最著名的结论就是，上述唯一的结果往往使各贸易国的消费者福利和生产效率达到最优水平。

但是今天的工业社会与过去非常典型的“羊毛—葡萄酒”的例子形成鲜明对比。现在，在许多产业中，效率，甚至是单纯生产某种产品的能力，都要求厂商进行规模经营。

我们有过这样的历史，其中仅有十人的小公司就能进入汽车产业生产有竞争力的汽车。所有的汽车厂商曾经都是小型的、实验性的，今天的许多公司就是从那个时代发展存活下来的。但那都是很久以前的事了。时至今日，一个有竞争力的汽车制造公司必须进行大规模生产，同时还必须拥有大型经销商和支持网络。其他国家的新进入者都必须在差不多的规模上起步，而且同已经建立起稳固地位的公司一争高下并不容易。

和汽车产业一样，许多现代科技要求经济活动具备足够的规模，以便获得经济合理性和竞争力。因此，如果完全听任市场力量的作用，那么进入一个产业与在位厂商展开竞争就像一场旷日持久、成本高昂而且非常艰难的战役。

在这些现代产业中，产业优势模式可能仅仅是历史事件变幻无常的结果。一场战争有可能迫使一些国家加大对飞机等军用产品的投入，或者由于传统供应渠道不畅而大力发展化学工业，或者是一位高瞻远瞩的企业家创建一家公司，由此开启了一个新产业。这样一些可能与自然优势毫不相干的历史事件，可以使一国在设备、知识和人员方面确立起优势，从而得以在一个产业中领先多年。

今天的许多产业都要求大规模的生产经营，而且进入壁垒高、后天优势而非自然优势在其中具有决定性作用的产业，这一情形完全不同于葡萄酒—羊毛的例子，唯一确定的自然结果不复存在。如果美国和日本开展半导体、汽车和飞机方面的贸易，我们很容易想到美国在飞机和半导体方面占有优势，而日本在汽车方面占有优势，但是如下情况显然也很有可能发生，即美国的优势逐渐转向汽车和半导体领域，而日本则转向飞机制造。就上述情况而言，几乎所有的其他组合都有可能出现。

领先地位一旦获得，无论是有意为之还是单纯的历史偶发事件使然，它都不可能在一夜之间被彻底打破。由于新竞争者难以进入该产业，因此市场力量就会保持这样的状况。在葡萄酒—羊毛模式时代，由需求和自然优势推动的市场力量将世界导向一个单一的结果。而在当代，市场力量不会选择某一预定的结果，相反，它们倾向于维持既有模式，不管这种模式如何。

因此，现代国际贸易分析必须考虑很多可能的结果。如果各国之间已确立的多种产业格局是世界经济中可能的稳定结果——比如日本生产商品 X 而德国生产商品 Y，但是相反的产业格局一旦确立也同样可行——那么，既然有成百上千的产业，就会有大量可能的生产分工组合，它们可以为自己确立在位者的地位。所有这些生产分工的排列组合都与市场力量的自由规则相一致。

进一步讲，如果这些全然不同的产业和国家组合在每个贸易国家都有不同的经济影响——对某一特定国家来说，有些是有利的影响，有些是不那么有利的影响——那么，为什么一国应当满足现状呢？显然，这样的状况不是市场机制导致的必然和最优的结果。它实际上是由市场力量维系的历史事件。如果一国能够找到更好的出路，那么它何必维持现状呢？

一国可以通过努力改变它在全球均势中的地位。将外来竞争者拒于国内市场之外，是保护一个产业，并使之具备合理规模的传统方法。如果国内市场中有一些国内厂商可以利用的特殊条件，或者政府为培育民族产业而有意识地进行干预，那么封锁就是这样的市场很自然的结果。每种情形都能将几乎不可逾越的进入障碍转化成彻头彻尾的困难，而且还有许多手段可以达到这一目的。

尽管对英国来说，生产葡萄酒几乎没有什么意义，然而对一个现代国家而言，进入汽车或其他产业并在全球均势中确立一个由市场力量维系的、更有利的新地位，可能是一件有意义的事情。但是这需要有人明确哪些结果是更优的。在本书中，我们将要研究哪些可能的结果对一个有既定地位的国家来说是比较有利的，同时我们也会描述这些结果对该国贸易伙伴的影响。

分析所有这些不同的结果，以及它们对各国及其贸易伙伴的影响，看起来是个艰巨的任务。经济中有众多产业，而且可以进入这些产业的国家也不少。这是否意味着我们必须考虑我们能够想到的所有产业和国家呢？幸运的是，我们可以不必处理如此众多的可能性，因为所有结果都遵循某些简单的规则。在后面的各章中，我们将阐述这些规则及其影响。

这些规则将告诉我们，在众多稳定结果中，对一国来说最优结果往往对它的贸易伙伴不利。我们所谓的对贸易伙伴不利是在非常宽泛的意义上而言的。它不仅考虑到对单个产业的局部影响，而且还考虑到对全体国民的影响。正是在这个意义上，我们发现国际贸易存在着固有的利益冲突。

到此为止，我们已经讨论了产业进入困难有可能导致不同的稳定结果。但是，还有一个同样重要的因素也会导致多种结果。这一因素就是一国生产能力的变化。

## 1.2 多种经济结果：通过提高生产率获得领先地位

在当代世界，各国可以相当迅速地改变它们的生产能力。我们要考虑一国学会如何擅长生产某种商品——也许是一条简单的生产线，比如缝制衬衣或者制作人造圣诞树——的可能性。和我们先前的讨论相反，我们现在要考虑既可以小规模生产也可以大规模生产的产品，因此生产这种产品的进入成本不高。然而，我们在这种情况下得出的有关国际贸易的结论和我们在高进入成本假设下得出的结论一样。我们将再次看到国际贸易中固有的利益冲突。

在古典贸易模型的世界中，由于它强调源自气候或自然资源的自然优势，因此，比如英国很难成为重要的葡萄酒生产国。然而在现代世界中，许多国家都有可能学会制造某种产品的技能，并运用这些技能直至它们达到世界生产率的领先者水平为止。

大型跨国公司的技能和诀窍使其可以在世界各地建造工厂，例如制造运动鞋的工厂。公司现有的员工，包括管理者和普通工人，都知道迅速有效地生产运动鞋的技能，而且他们可以向其他国家的新工人传授迅速有效地生产运动鞋所需的生产技能和其他技能。如果新工人学会像全球领先者那样高效地运用这些技能，同时他们的工资低于其他国家的工人，那么新工厂生产运动鞋的单位成本就会低于其他地方。以低成本进行竞争的能力可以改变该产业的世界贸易格局。

除了跨国公司的激励外，通过其他的方式也可以达到同样的结果。任何学习方式都有可能起作用。一个企业可以从已经掌握了技能的公司中招聘工人和经理，或者人们可以走出国门参与到领先产业中并向领先厂商学习。唯一重要的是，技能是可以学习或培养的，单位生产成本将因此降低。如果新工厂借助以上任何一种方式成为世界上的低成本生产商，那么市场力量将使这种低成本优势得以持续，而我们也将拥有新的国际贸易模式，各国也将有新的经济结果。

简而言之，各国现在可以改变环境，并且在没有高进入成本的产业内迅速改变生产能力，从而发展（或失去）一些产业。这可以导致全新的国际贸易结果。这种变化和新结果的可能性是导致多种结果的另一个原因所在。

显而易见，上述不同结果遵循的规则与那些主导高进入成本和大规模生产产业的简单规则如出一辙。我们将再次发现贸易伙伴之间存在着固有的国家利益冲突。我们的结论仍然是，对一国来说最有利的结果往往不利于另一国。我们再次表明，多种可能的结果是国际贸易冲突的潜在来源。

## 1.3 结 论

本章的核心结论就是两种情形的强烈对比：一种情形是单一的确定性结果，它往往产生于以小型工业为特征的古典世界，在这样的世界里，优势来源于固定的自然能力；另一种情形是多种多样的可能结果，它源于进入一个大规模生产的产业需要高启动成本。如果技能是可以后天习得的，那么，即使在小规模经营的情况下也存在同样多的可能结果，在现代社会中，这的确是有可能的。一个英国的葡萄种植园确实不可能像葡萄牙的葡萄种植园那样欣欣向荣，但是一个收音机的组装工人在许多不同的国家都可以学到同样娴熟的组装技术。

在古典贸易模型中，市场力量——也就是亚当·斯密所说的“看不见的手”——只能导向一种结果。与此相反，无论是高启动成本还是学习都能赋予这只“看不见的手”以大量的选择。这就为我们通过私人行动或公共政策修正这一结果提供了更多的可能性。历史把我们带到今天，但是我们可以在现在采取行动以改变偶然的历史结果。

# 第二章
## 规模经济带来的多种结果的重要性

如果全球经济中的自由市场运行总是给国家之间的经济交往带来唯一的、相对可预见的结果，那么人们几乎难以改变这种结果。那些预先确定的经济力量平衡向我们展示了不可避免的结果。在市场这只“看不见的手”的指引下，我们注定要在一个严格设计的国际模式中从事生产、贸易和发展经济。我们能够详细研究、描绘和著述这一注定的结果，但是最终我们不是被迫接受它，就是从根本上放弃自由市场的引导。此外，如果我们有理由相信这一注定的结果确实是有利的——它不仅符合全世界的经济利益，而且符合构成这个世界的所有国家的利益——那么这一结果的唯一性和必然性就应该是令人欣慰的，而不是一种危害或威胁。古典贸易理论向我们展现的正是这种幸运的状态，而它只是令我们失去对已经趋于最优的事情进行简单修正的能力。①

但是在本章中，我们对传统思想的回顾表明，上述鲜明的特征严格取决于一个关键假设：即不存在广泛而重大的规模经济（生产只能大规模进行或者大型企业以更低的成本和更有效率的方式进行生产），或者不存在高启动成本（某个产业的成功运营需要新进入者进行大规模的投资，而这些投资需经过相当长的时间才能收回）。我们将看到一旦这样的规模经济或者启动成本成了世界贸易中商品交换的重要特点，就像我们今天看到的一样，那么相反的情形将取代单一的、可预测的，而且能带来广泛利益的最终结果，那就是多种可能的生产和贸易关系，所有这些可能的结果一旦确立，就会在市场力量的作用下维持相当长的时间。事实上，在当今世界中，市场力量能够保持许多产业中业已确立的各种全球均势，而不是选择一个单一的有利结果。而且这些不同的结果可以对各贸易国的福利产生非常不同的影响。

---

① 古典经济学家当然都是智者，他们观察现实并意识到一切并不总是这个最优可能世界中的最优结果。他们知道经济本身存在缺点和问题。然而古典经济学家断言，国际贸易在不受限制的市场力量的引导下必然产生一个唯一有利的结果，这并没有严重扭曲其模型的含义，我们将在本章中简要评论这些模型的逻辑。

## 2.1　古代历史：收益显著递减的世界

经济学家应用的古典贸易模型反映的是大约200多年前的世界。该模型反映了一个其假设之下的世界，这个假设就是经济学家所谓的规模收益递减。规模收益递减是指当一个产业扩大规模时，其产出效率下降而不是增加。① 增加的产量将耗费更多的生产成本，而不是更少。

对于一个以农业为主导的世界来说，这样的假设确实非常合理，② 因为在农业中最好的，或者说最容易获得的土地往往最先被耕种，然后当产量不断增加需要更多的土地时，生产率较低或者较难得到的土地才开始被耕种。或者换句话说，随着粮食需求的增加，农业用地有时候被更加密集地使用，农民试图在既定数量的土地上谋求更多的粮食产出，这通常使增加产量的单位成本上升。即便是在今天，我们也能在农业中看到收益递减的规律。例如在中国，农民不断增加化肥使用量以提高粮食产量。如今化肥的使用量是15年前的4倍，但是粮食产量仅仅增加了50%，从

① 我们把生产规模扩大时生产率既不上升也不下降的可能性纳入收益递减的情形，这就是被广泛应用的线性模型。

② 据估计，18世纪末，90%以上的美国劳动力曾经在土地上耕作；今天这个数字小于3%。

中我们可以清楚地看到收益的明显递减。

用现在的标准衡量，过去创办一个企业的成本可以说是惊人的低。史学家戴维·兰德斯（David Landes）写道："早期的机器尽管对当时的人来说相当复杂，实际上却是造价很低的简单初级的木制机械装置。一个40锭的珍妮纺织机在1772年大约值6英镑；洗梳羊毛机中一英尺宽的滚轴只需1英镑……"（Landes，1969，第64—65页）。那时候1英镑的购买力要比现在的1英镑高得多，但是即便假设它的价值相当于现在的100倍，很显然工业革命初期的机器仍然惊人地便宜，这说明创建一家新企业无须太多的投入。

同时那些企业本身也都很小。除了部队、海军和教堂外，几乎没有大的组织可言。大多数人口集中在农村，而大多数的产业都很小。正如阿尔弗雷德·钱德勒描述的那样，"只要生产过程仍然由人、动物、风力和水力推动，由此生产的产量就不足以要求在企业内部组建次一级的生产单位，或者花钱聘用一位经理来协调和监督这些新增单位的工作"（Chandler，1977，第51页）。

如此说来，那的确是一个收益递减的世界，而在这样的世界里，正如亚当·斯密、大卫·李嘉图以及随后的古典经济学家在他们的启发性分析中提出的，通常只有一种稳定的可能结果。经济学家所说的这种唯一的均衡状态是一种商品和服务的组合，自由市场力量总是推动经济趋近这样的组合（也就是更好或者更低廉的生产者取代效率较低的生产者）。这就是“看不见的手”自动选择的结果。

同时，也正如古典经济学家表明的那样，这一唯一的均衡在某种意义上总是最好的。在这一最有利的状态下，那些能够以最低成本在某一特定产业中生产的生产者就是该产业中唯一存在的生产者。效率较低的生产者被驱逐出该产业进而从事它们比较有竞争力的生产。在技术知识和可得资源给定的情况下，这一唯一的均衡也可以使消费者的偏好得到最佳满足。自动实现这样的结果是市场机制的突出成就，这一点得到经济学家的高度重视，而且使他们对市场机制运行的干预保持警惕。

## 2.2　国际贸易与收益递减

市场力量产生这些结果的原因是，在收益普遍递减的世界里，如果某些结果不能把某个特定产业中的生产分配给一个能够最有效地生产该产业的国家，那么市场力量将使所有这些结果不复存在。

假定有一个国家，虽然它现在没有生产某种商品，但是它能够以低于现有生产厂商的成本生产该商品，因此可以通过进入该产业获得利润。利润为该国提供了进入该产业的动力，同时由于规模不经济，该国作为新进入者开始时可以只生产少量的产品，但能够非常有效率地生产——赶上甚至优于大规模生产的效率。规模不经济意味着小的就是有竞争力的。如果一国要进入农业的一个新分支，而且它的初始努力是成功的，那么它起初投入的土地与之后投入的土地相比同样好甚至更优。在规模不经济的世界中，没有必要为了获得成功进入世界市场的机会而采取大手笔的冒险行动，并以成熟的姿态进入一个大规模生产的产业。新进入的厂商可以以较小的初始规模悄然进入，而后获得与大规模厂商同样甚至更优的竞争力。

这种新生竞争力的进入将把全球经济推向一个新的结果。在这一过程中，一些效率较低的厂商将在新厂商成长的同时减少产量，其他高效率生产者的进入将一直继续下去，直到世界经济在新的位置稳定下来，即在每个产业中都只有最具生产优势的国家在生产。而它们中的每一个都具有足够的效率，成本足够低，从而使其产品的价格能够与世界通行价格相一致。

简单地说，这就是市场这只“看不见的手”如何在一个规模不经济（收益递减）的世界里运作，它总是将经济推向一个均衡结果，使只有最低成本的厂商在生产。因此这是一个总是拥有高效率的结果。

## 2.3　高进入成本和产业的"可保留性"

但是，不管两个世纪前的世界是什么样的，我们知道在今天的世界中，相当一部分国际贸易绝对不是由那些可以轻易地以小规模进入的产品组成的。相反，在很多情况下，小规模的进入几乎是不可能的。汽车、电脑和电视机就是上述情况的典型例子。你不可能在你的车库里白手起家手工生产一辆汽车，然后去和通用汽车的大规模生产进行竞争。

除了必备的生产规模外，一个产业中的新进入者也需要长期的经营，才能获得与现有的主要竞争对手一样有效生产的技能和经验。新进入者也许需要掌握新的技术，基于经验的技术往往不易学习。或者成功地生产前述产品可能需要有相似的相关产业。这些产业本身难以建立而且潜在的进入国可能缺乏这样的产业。此外，新进入者还不得不从头开始建立一个分销网络，了解市场，如此等等。如果竞争对手通过多年的努力，并借助在所有这些领域中获得的经验学会了很多，那么与之进行竞争是很难的。现有产业的优势也并非静止不动，更常见的情况是，现有产业也会不断学习。生产方法和生产技术借助大规模的干中学和持续的投入而不断演变，现有客户群的许多反馈也会导致生产和支持系统的稳步改进。这提供了一个变化目标（moving target），从而增加了进入难度。

我们用“保留产业”（retainable industry）一词表示所有具备如下特征的产业，即启动成本很高，由此导致很难以小规模进入的产业。由于其很高的实际启动成本，一个保留产业为现有生产者提供了很高程度的保护，使之免于竞争性进入的威胁，从而可以很容易地保留既有地位。在收益递减的产业中，市场力量有利于小规模的竞争性进入者；而在保留产业中，同样的市场力量则有着相反的效果。不经济的小规模进入者往往被市场力量淘汰，而大规模进入者很少遇到这种情况。保留产业中的市场力量倾向于维系现状。

保护从来不是绝对的，而且也没有一个产业具有完全的保留性。当今世界这样的例子不胜枚举，在这些例子中，随着时间的推移，新进入者也会在高启动成本的产业中出现。我们马上就会想到日本汽车工业的崛起及其对美国汽车市场的影响。这是一个明显的例证。日本汽车工业能够在受保护的本土市场上小规模启动。当日本的汽车开始出现在美国市场上的时候，日本的汽车产业已经发展成为具有相当规模的产业。

因此，现代工业的这种保留特性非常重要。在本章的分析中，与早期的收益递减或者规模不经济的假设不同，我们假定存在一个对一国而言全新的高启动成本产业。也就是说，我们将要讨论保留产业及其对国际自由贸易和国际自由竞争的影响。在第四章里我们要把分析和结论延伸到以快速学习而非规模经济为特征的产业。

## 2.4 保留产业里总有许多稳定结果

与古典模型不同，在一个普遍存在高启动成本的经济中，也就是说，以保留产业为特征的经济中，有可能产生大量的可能结果，其中的任何结果都有可能成为并继续成为一个稳定的世界生产结构。而且一些可以实现的均衡可以给全世界公众带来很高的经济利益，并提供大量的贸易所得，而许多其他的结果也许真的非常糟糕。我们现在可以描述这些均衡的本质，并计算出到底有多少种均衡。

为了更鲜明地表达我们的思想，并说明这些思想与古典规模不经济模型的区别，我们首先讨论最极端的可能性：那就是世界上所有的产业都具有保留性。然后，我们来看在这样一个只有高启动成本产业的世界中，一个国家只生产一种商品的结果。我们把这种结果称为完全专业化的均衡。当然在实际生活中，有许多保留产业不是专业化的例子，不止一个国家拥有竞争所需的规模和专长，因此拥有相当大市场份额的国家不止一个。我们将要描述的分析和得出的结论也适用于多个生产国的情形，而且我们将在后面专设一章对此进行讨论。现在为简化起见，我们将重点放在一国只生产一种商品的专业化均衡。我们得出的结论甚至更适用于多个国家生产世界上的一些产品的情形，而且它也适用于不是所有产业都具有保留性的情况。

让我们首先来考虑这些专业化均衡，看看它们能有多少，同时要记住其中任何一种结果都可以得到市场力量的维系。为了表示一个有全球贸易的世界，我们把世界缩小为只有两个国家：英国和法国（我们选择这两个名字仅仅是出于熟悉而已）。这当然是高度简化的。与一个具有稳定结果或者稳定均衡的规模不经济情形不同，我们假设的只有保留产业的两国世界将产生许多均衡。事实上，在一个由保留产业组成的世界里，不同国家之间每一种可能的专业化生产分工都是一种均衡。至于英国刚好专业化生产半导体而法国刚好专业化生产钢铁或者刚好相反都不重要。无论这些可能性中的哪一种碰巧产生，专业化生产某种产品的国家都会从阻止其他国家进入该领域的一定程度的自动保护中获益。该种商品的大规模生产将使其生产者获得成本优势。试图以较小规模进入这一领域的另一个国家将难以成功，因为这样做的生产成本很高，而且学习和组织的难度也很大。

因此，在一个由保留产业组成的世界中，一国只生产一种产品，国家之间任何一种专业化的产品分工都因高进入成本的存在而趋于长期存在，并因此成为一个稳定的结果或者均衡。同时既然存在着在不同生产国之间分配产品的多种可能，也就存在大量不同的可能均衡。① 为了说明可能的数量（可由直接的数学计算得出，见表 2. 1），如果两个国家只交换 10 种商品，那么将有超过 1000 种可能的均衡。如果交换的商品达到 20 种，就会有超过 100 万种可能的均衡。25 种商品的交易将带来 3300 多万个可能的稳定结

---

① 为了说明问题，首先假设在两国世界中只存在 3 种产品：晶体管 t、航空导航陀螺仪 g 和移动电话 c。那么英国可能专业化生产 t、g 和 c 中的任何一种，而把其余两种留给法国。这就已经给出了 3 种可能的均衡。但是也存在法国只专业化生产其中一种产品的 3 个可能均衡。我们看到在两个国家交易两种商品时存在着 6 种均衡，例如英国生产 t 而法国生产 g 和 c，英国生产 t 和 g 而法国生产 c，等等。当然在现实中，参与贸易的商品远不止 3 种，而且当模型中商品的数量增加时，均衡的数量要比商品数量的增长快得多，就像表 2. 1 显示的那样。我们看到，当模型被扩展到包括 10 种商品的时候，均衡的数量已经超过 1000 个。

当贸易品的数量超过 20 种以后，均衡的数量飞速增长，在 27 种商品的情况下有 1 亿多个均衡。既然在现实世界中，进入国际贸易且具有一定程度规模经济的商品数量无疑会达到几千种，显然这里所讨论的大量的可能均衡应该不是科学幻想。

那些已经学过排列组合的读者将会意识到，我们正在讨论的是能够被分配到两国中某一个国家的 n 种商品的组合数量。既然每种商品都能被分配给英国或者法国，这样的组合的数量就是 $2^n$。如果我们排除每个国家可以生产任何产品的可能性，组合的数量就变成 $2^n-2$。这是完全专业化均衡数量的基本方程，下一章的许多计算都是以此为基础的。

果。由于在现实世界中有成千上万种商品参与交易，因此潜在均衡的数量——显然所有由市场力量支持的稳定结果——确实是巨大的。

**表 2.1　均衡的数量和贸易品的数量**

| | | | | | | | | | |
|---|---|---|---|---|---|---|---|---|---|
| 贸易品的数量 | 2 | 3 | 4 | 5 | 6 | 7 | 8 | 9 | 10 |
| 均衡的数量 | 2 | 6 | 14 | 30 | 62 | 126 | 254 | 510 | 1022 |

## 2.5　多重均衡：好的、坏的和中性的

为什么我们要关注如此之多可能的稳定均衡呢？毕竟在自由贸易下，仍然是市场机制淘汰高成本的生产者，由此我们得到的结果是只留下成本最低的生产者。但是任何我们最终碰巧实现的均衡只是许多均衡中的一个。我们最终选择这一均衡很大程度上是历史偶发事件，而非不可避免的结果。更为糟糕的是，在古典模型中，以唯一均衡为特征的一致有利的特性不复存在。在这么多的均衡中，有一些是好的，一些是坏的，还有一些是中性的。它们可能会对不同贸易国家的福利产生不同的影响。

市场力量维系的均衡是那种国际社会不得不忍受（至少是暂时）的均衡。这种结果很可能是由历史偶发事件决定的。如果比利时碰巧较早进入用于生产传真机零部件的机械工具生产产业，它就有可能在不久的将来成为该领域

内具有压倒性优势因而难以被击败的生产国（除非随后的市场环境发生剧烈的变化）。即使其他国家曾经获得必须的销售规模、分销渠道和声誉，因而能够以更低的成本生产同样好的产品，上述情况仍有可能发生。

与当前环境有关的偶然因素、过去的投资决策、战争或饥荒导致的移民模式或者上一届政府碰巧选择的政治导向，所有这些因素都有可能极大地影响现在的市场力量对均衡的选择。尽管这种选择可能是历史机遇的产物，但是最终选择哪种均衡在现在仍然很重要，其原因有二。

第一是全球效率的问题。在刚刚讨论过的许多专业化均衡之中，每一个均衡都伴随着产品在不同国家之间的分工，这就会产生许多种与相对成本和其他现行经济环境相关的随机分工。例如，虽然日本缺乏制造钢铁所需的国内能源，而且工资水平很高，但它仍然是重要的钢铁和汽车生产国。中国如果能够大规模地生产优质汽车，看起来也有很多生产优势，包括廉价劳动力和丰富的煤炭资源。但是今天可能以及今后的一段时期，中国都不会在汽车产业威胁到日本的强大地位，因为中国需要获得太多日本已经拥有的东西，包括足够的产量规模、技术和声誉。

因此从全球总产出的角度来看，在一个存在高启动成本的世界里，在市场可以达到的许多均衡中，既有好的，也有坏的和中性的。然而在市场机制中几乎不存在能够使它偏向好均衡或者避免坏均衡的力量。市场机制的选择可以说充满了偶然性。而且一旦命运之神选择了某种均衡，社会就只能在该种均衡下缓慢发展。不管好坏程度如何，均衡的稳定性都使走向更好或者更糟的均衡变得很难。向另一个均衡结果的移动从来没有轻易实现。一个新产业的发展是缓慢的，它需要很长时间和大量的努力，而且风险重重。

还有第二个原因使我们如此在意市场维系的特定均衡，该原因与国内更紧密相关。保留性意味着一个有许多产业的国家即使在工资水平很高的情况下也能维持这些产业。就像我们在下一章中将详细讨论的那样，如果一国生产的产品多于其国人占有的世界商品份额，它就能获得很高的收入，并且通常有很高的生活水平。如果它生产的商品在世界商品中占有很大的份额，它就有很多商品可以用来消费和贸易，从而变成一个高工资、高消费的国家。作为在世界可贸易品产业中占有很大份额的生产者的有利效果有可能非常大，而且对该国来说，这一效果通常要远远超过前面提到的世界效率影响。同样明显的是，一个被拒之于多数产业之外无法进入的国家将只有极少的国内产品可供消费和交易，因而几乎不能获得外国商品。

所以，均衡的选择不仅关系到全球的生产规模，而且还非常直接地关系到国内的生产规模。要知道哪个均衡是好的，哪个均衡是不好的，就必须通过某种途径对许多可能的均衡进行系统比较，在它们的一般性质以及相对好处和不利中洞悉要害。尽管它们的绝对数量可能令这样的分析看起来不可行，但是在下一章中我们将发现这其实是可以做到的。

我们不难看出，这些大量的可能结果分布成一个极其简单有序的模式，这使它们对相关各国的利弊影响显而易见。它们的分布绝非偶然。我们将对这一模式加以描述，看看它为什么具有一般意义，而不是一些特殊例子的产物，我们将这些例子挑选出来用于说明我们的分析。

由于这一简单的模式，我们得以进一步分析各种各样的均衡。在下一章中，我们将分析给世界经济带来大量利益的结果、给某一特定国家带来好处的结果，以及对世界和某一特定国家均无明显裨益的结果。

# 第三章
## 均衡区域：合意的和不合意的市场结果

在第二章中，我们看到一个由保留产业组成的世界是以众多可能的结果为特征的，并且所有这些均衡状态都能由市场力量维系。在这样的世界中，任何产业可以存在于任何地方。这似乎意味着：任何事情都是有可能的，任何事情都可能发生，并且世界经济是没有秩序和联系的。但是，这并不是我们要阐述的。事实上，我们要表达的恰恰相反。

### 3.1 均衡之间的秩序

现在，我们要说明的是，上述大量的可能结果形成一个重要且有序的分布模式，它遵循某些简单的规则。当然，这些可能结果的数量非常多，但是如果用国民产出或就业来衡量，从这些结果对一个特定国家经济福利的影响来看，其中的大部分结果是彼此相似的。如果英国制造半导体，法国生产钢铁（而不是法国生产钢铁，英国制造半导体），假定这两个产业在规模上没有什么不同，那么，国家的整体福利水平就不会有太大的问题。当然，我们可以加进许多产业和国家间的组合，但是，从就业和国民投入份额来看，它们与其他组合并没有太大的差异。

然而，对一个国家或是两国双方而言，有些组合比其他组合好得多，所以众多可能结果的模式非常值得我们去了解。

## 3.2 结果分布模式的两个经济含义

我们会看到结果的分布模式有两个重要的经济含义。第一个含义是，互通有无的两个国家在国家利益方面可能有相当大的冲突。这种冲突的形式不同于我们熟悉的关税战或者其他贸易保护战，相反它是一种竞争，即使在贸易没有受到限制且没有因政府干预而扭曲的时候，这种竞争也会产生。这种冲突集中表现为一国最终不愿意接受自由贸易环境下的某些可能均衡。一般而言，这种冲突的发生，是因为在我们的许多均衡中，那些对一个国家来说最好的均衡对另一个国家绝不是最好的。在规模不经济的世界中，这种冲突不可能产生，因为在那样的世界中市场力量通常导致唯一的结果；但是在规模经济的世界中，市场力量往往能使现有状况得以保持，从而上述冲突就有可能发生。

什么样的均衡将真的会发生，哪个国家将会真正受益，哪个国家会相对贫穷，这取决于哪个国家最终生产什么产品，也就是说，取决于哪个国家从事哪些产业的生产。最后出现的均衡是在各国追逐产业的过程中形成的。产业冲突的结果决定了哪些国家会受益多一些，哪些国家会受益少一些。

从均衡模式的分析中产生的第二个深刻洞见是：在具有规模经济的自由贸易环境中，贸易并非总是好的；而在传统的规模不经济的世界中，贸易却必定总是好的。当大多数产业都是保留性产业时，总会有一些均衡结果使某些国家的境况坏于其实施贸易封锁时的境况。

要说明这种情形是如何发生的并不困难。让我们设想一个国家，由于某些历史原因它的发展速度已经变慢。假设该国出口一些农作物，并以此进口本国所能支付得起的复杂且技术比较先进的产品，而这些产品是由外国的保留产业生产出来的。该国将如何改善这种局面呢？在我们描述的给定的困难情况下，对该国而言，成功进入这些保留产业是不可能的。如果它生产的汽车一开始就与全世界最好的汽车进行竞争，而这些最好的汽车是由所有领先公司借助其大规模生产优势以相对低的成本制造出来的。这里的进入问题完全不同于规模不经济的世界，在那里，小规模生产的进入至少与大规模生产的进入一样容易。

与上述情况相反，如果这个国家与世隔绝，尽管它将不得不发展自己的汽车产业，但是它也有能力发展。它可以从自己的国内市场中获得只归自己所有的收入，并以此为基础一步步地发展汽车产业，因为它没有贸易伙伴与之争夺市场。同样的推理逻辑可以应用于其他产业。因此，一个与世隔绝的国家也许能够达到一定的发展水平，而这个发展水平是它与一个非常发达的国家开展贸易往来时所不能达到的。与世隔绝也许比有贸易更好，这是一个非常过时的概念，也就是非常有名而且受人追捧的“幼稚产业”论，这一论点主张一国要在远离外界竞争的环境下尽力培育好新生产业。幼稚产业论特别适用于我们的保留产业模型。

对一国而言，无贸易有时比有贸易更好，这是一个值得详细讨论的观点，因为它解释了许多全球结果可能产生于其中的纯市场制度的某些优势和劣势。让我们暂且回过头来从不同的角度考虑这个问题。

许多经济学初级读物都持有这样的观点：各个国家间

的贸易是自愿的，人们错误的行为或是不明真相的情形除外，每个这样的交易必定提供了共同的利益。故事就是这样。即使一个小孩，如果他不是在玩具卡车和弹球之间更喜欢玩具卡车的话，他就不会用一包弹球去交换小伙伴的玩具卡车。如果其他小孩不是在弹球和玩具卡车之间更喜欢弹球的活，也就不会同意交换。这些经济学初级读物中的讨论，有时会得出错误的结论：国家之间的自愿贸易同样也一定是正确的。如果两国不是期盼得到好处，它们是不会同意交易的。这样的比喻是片面的、不正确的。国际市场上的交易不是由国家或是任何个人有意识地评估所有选择来做出决定的，而是由受现有产业能力影响的市场客观力量决定的。假如各国的生产能力局限于它们目前的生产水平，而且进入也不困难，那么就像上述比喻表明的那样，开展贸易确实比不开展贸易更好。如果欠发达国家准备封锁贸易，而且继续不发展自己目前没有生产的产业，那么它将来的处境往往会比有贸易时更糟。这样的分析忽略了如下情况：哪里有以高启动成本为特征的科技，哪里就会有其他可以达到而且可以持续的结果，在这些结果中，那些在有外国竞争的情况下不能启动的产业可以在没有外国竞争的情况下发展起来，而且这些其他均衡中的有些均衡有可能是更好的。

我们刚刚描述的冲突的可能性，以及有贸易的结果比没贸易的结果更糟糕的可能性，都值得了解。我们需要了解这种有很强经济含义的结果模式。为使这一模式更加直观，我们将采用图表的表达方式。

## 3.3　图示：每个可能均衡的正反论证

在我们模型的最初且最简单的变形中，我们将全球简化为两个假设的国家：英国和法国，而且只有 10 个产业。在这个小世界里，对每一个均衡——国家和产业的每一种可能组合——我们都将用标准的经济方法来计算由此导致的国民收入。即使在这样一个小规模的世界里，也有 1000 多个均衡，每个均衡都是以两国之间产业的不同分工为特征的。

我们关注英国和法国的国民收入，其等于每一个国家生产的商品数量乘以每种商品的价格（为了方便比较，我们用美元来表示）。对于每种均衡的结果，一旦我们已经确定每个国家从事何种产业的生产，标准化的经济方法就会告诉我们，每种产品的供给量及销售价格。因此，我们可以确定每个国家的国民收入，首先把每种商品的价格乘以其供给量来获得该产业的总收入，然后，把所有产业的总收入加总就得到该国的国民总收入。

借助上述方法获得的各国国民收入被用来衡量每个国家在特定均衡结果下的财富程度。另外，这也可以给我们提供与特定结果有关的世界总收入。由于国民收入是公认的衡量一国财富程度的指标，因此我们很自然地关注贸易对国民收入的影响。利用国民收入，我们可以比较许多不同结果对国家财富的影响。

当然，一旦确定了每个国家的国民收入，我们就能很容易地计算出每个国家在全世界收入中的份额。要做到这一点，我们需采用共同的货币，即美元。例如：如果英国收入的换算结果是（等于）8 万亿美元，而法国的收入是 12 万亿美元，[①] 那么，英国的份额一定在 20 万亿美元中恰好占有 40%。法国占世界总收入的百分比通常一定是剩余的那部分，在这里是 60%。

现在，我们可以画一个图，在图中一国占世界收入的份额总是用横轴表示，特定国家或者有时是全世界国民收入（不同国家收入的总和）的美元总量用纵轴表示。利用这种方法，我们可以如实地看到，如何从国家经济福利的角度比较均衡对两国的影响。

图 3. 1 表示由英国/法国的 10 个产业组成的世界，在该图中，我们给出了这个世界的大约 1000 个可能结果中的一个。假定在这一均衡点上，英国的国民收入是 8 万亿美元，

---

① 我们列举的数字是出于数学理解上的方便。实际上，我们的数字要比这两个国家的实际 GDP 数字大很多。

而法国的国民收入是 12 万亿美元。那么世界收入是 8 万亿美元加上 12 万亿美元，或者说是 20 万亿美元，其中英国所占的份额是 40%，法国所占的份额是 60%。这个均衡用图 3.1中的 A 点表示。在图 3.1 中，横轴同时表示两个国家的世界收入份额：英国的份额是从横轴左端的零点向右端的 100% 点移动。法国的份额是横轴上衡量英国份额之后剩余的部分，即从 100% 点向左移动。它通常是用 100% 减去英国所占的份额。

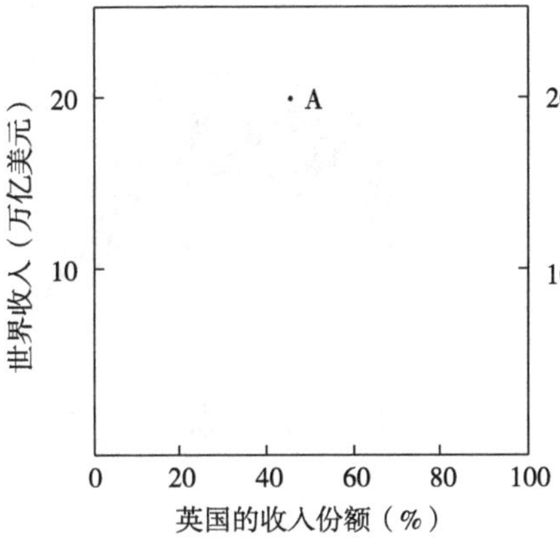


**图 3.1　世界收入**

以此类推，每一个均衡点都可以用同样的方法表示，收入份额指均衡点在横轴上的位置，该点的高度表示我们要讨论的真实收入。真实收入可以是世界收入，如图 3.1所示，或是特定国家的国民收入，正如随后的一些图形所示。

现在，我们可以用同样的程序描绘每一个稳定结果或均衡，这些均衡有可能出现在这一由 10 个保留产业组成的世界中。通过计算机计算，10 产业模型的结果如图 3. 2 所示。这个图包含大约 1000 个点，这些点代表了模型中所有的专业化均衡。在这些均衡上，一个国家是某一特定产业的唯一生产者。当然，如果加入所有可能的非专业化结果，也就是说，如果将世界上的某些产品同时由两个国家生产的可能结果包括进来，就会出现更多的点。

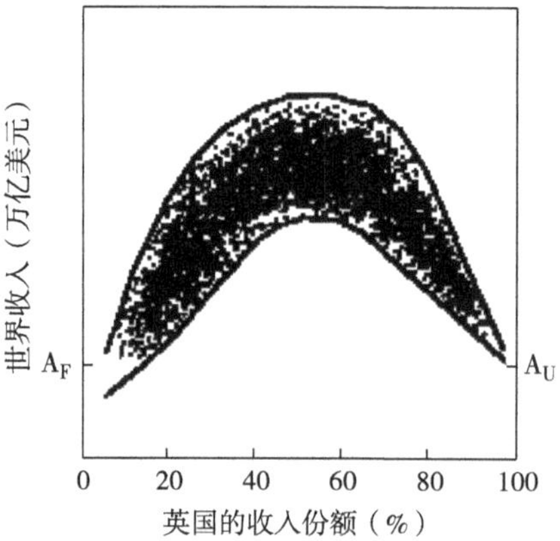


**图 3. 2　多重均衡**

## 3. 4　世界经济图的形状

正如我们断言的，1000 个均衡并没有恰好落在可能性图的某一处。相反，这些代表均衡的点总是以独特的模式出现——它们落在一个明显的带状区内，这个带状区的总体轮廓总是一样的，其上限和下限分别由图3.2中的黑色曲线表示。

在图3.2中，上边界线表示最高水平的世界可能收入，在由英法两国10个产业组成的世界中，这一收入水平对世界收入在英法两国之间每种可能的划分（份额）而言都有可能发生。所有这些均衡点形成的带状区和它的上边界线都呈圆顶形，两端在低处，中间向上凸起，而在低处的两端，要么是英国要么是法国实际上生产所有的产品。

我们可以直观地找到带状区呈圆顶形的原因。在图形的两端，我们得到一些均衡结果，在这些均衡结果上，世界经济非常没有效率地被组织起来。在图形的两端，两个国家中有一个国家几乎生产全部的产品，也就是说，该国在世界生产和世界收入中几乎占100%的份额，而另一个国家几乎什么也不生产。这看起来就像只有一个国家是有效的生产者。这样的国家可能是一个工业化国家，这个工业化国家几乎为自己生产所有的东西，因而不得不在许多产业之间分配劳动力，并与一个除了专业化生产几种农作物外几乎没有产品可以在世界市场上竞争的国家开展贸易。在这种情况下，显然就会有合理的理由预期世界产量比较低，这就是为什么带状图的两端总是对应于较低的世界收入。

另一方面，图中上凸的中间部分给世界经济提供了两个明显的好处，而在图的左端或右端，这两个明显的好处是不可能得到的。首先，在靠近图中心的地方，由于没有一个国家能够生产众多的世界产品，因此每个国家都不必分割其劳动力以生产数量不大的各种产品，从而丧失规模经济带来的好处。

其次，在图的中间，每个国家专业化生产其最适合生产的产品是有可能的。如果法国生产其最善于生产的产品，英国则生产其最适合生产的产品，那么两国之间的不同特性，例如支持性产业的可获得性、劳动力的培训、原材料和其他资源的可获得性、气候等都有可能使每种产品的世界产量增加。但是，如果法国几乎生产所有的产品（如图左端所示），那么它就很有可能不得不将自己的某些资源用于生产有效率的商品，同时将某些资源用于生产无效率的产品。因此，在图的中间，世界能更好地实现经济学家所谓的“贸易所得”，也就是说，当每个国家都专业化生产具有比较优势的产品时，就有可能获益。相反，在图的两端，由于要么是英国独自生产几乎所有的产品，要么是法国独自生产几乎所有的产品，这样，大部分贸易所得都丧失了。

这就是“贸易所得效应”，它导致均衡之间的国民收入差异，即使这些均衡本身能使两国的国民收入份额相同或者说大体相同。例如，如果我们看看英国的国民收入份额大致为40%时的均衡点，我们看到这样的均衡点很多，而且它们都导致十分不同的世界收入。这是因为某些均衡点反映了产业在国家之间的合理分工，这种分工使生产国能够发挥它的长处，而其他点反映的产业分工却是不合理的。一些产业分工利用机会以获得“贸易所得”，而其他的产业分工却没有这样做。最优产业分工产生了一个均衡点，这个均衡点靠近上边界线，而最差产业分工靠近下边界线，这也被画在图中。①

均衡可能性带状区的整体形状可以用常识性的术语加以解释。然而，合理的形状也有一些始料未及的经济结果，因为，正如我们在接下来的图形分析中将要看到的那样，它不针对整个世界，而是针对单个国家。

## 3.5　单个经济的模型：英国的均衡点分布图和法国的均衡点分布图

图3.3表示我们的第一个贸易伙伴——英国的可能均衡，我们就从该图开始分析。如前所述，在这张图中，用横轴表示英国占世界收入的百分比。但是，纵轴现在表示

① 如果我们要画出非专业化的均衡，它们也会落在上边界的下面。不过，有一些可能落在下边界的下方，这些均衡代表着特别不利的结果。

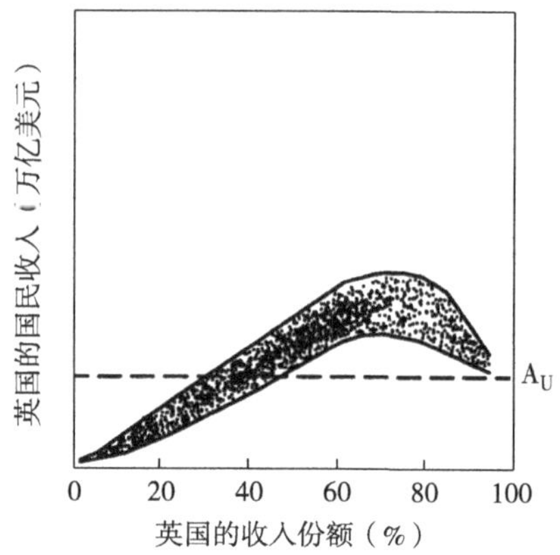


**图 3.3　英国的国民收入**

的不是世界收入，而是英国的国民收入。

世界收入图（图 3.2）和英国的国民收入图（图 3.3）是紧密相关的。根据定义，英国的国民收入等于世界收入乘以英国在世界收入中所占的份额。我们可以将图 3.2 中的每个均衡点转化成图 3.3 中的均衡点。转化的方法很简单，就是在图 3.3 的纵轴上为图 3.2 中的每个均衡点找到对应的国民收入，但不向左或向右移动，也就是说，让均衡点对应于横轴的位置保持不变。通过把图 3.2 中的高度，即世界收入乘以英国所占的份额或者百分比可以得到图 3.3 中的高度，这一份额或百分比是由其在横轴上的位置给出的。例如，当英国的份额是 40%，世界收入总量是 20 万亿美元时，英国国民收入在纵轴上的高度是世界图形的 40%，即 8 万亿美元。

图 3. 3 中靠近左端的各点是通过图 3. 2 中左端各点的高度乘以一个约等于零的数得到的，之所以乘以一个约等于零的数是因为在图的左端，英国占世界收入的份额非常小。因此，我们在图 3. 3 中看到的那些均衡点，其高度全都接近零，这表明英国的国民收入很低。在图的中间，英国的份额接近 50%，因此，图 3. 2 中每个世界均衡点的高度必定被乘以 0. 5。在右边，英国的份额接近 100%，英国的国民收入约等于世界收入乘以 1，所以，英国国民收入点的高度几乎与图 3. 2 中相应的世界收入点的高度相同。

图 3. 3 中各点的上边界线也遵循这些点本身的分布模式。这样，在英国边界线的左端靠近零，英国上边界线中间点的高度等于世界上分界线上相应点的高度的一半；在英国上边界线的右端，英国获得了几乎 100% 的世界收入，那条边界线几乎与世界边界线一样高。

其结果就是，图 3. 2 中由世界收入点组成的圆顶形带状区变成图 3. 3 中英国的山形带状区。英国的上边界线始于左端的零点。[①] 最初，带状区的上边界线随着世界上边界线的

① 零是可能的，因为在该点，我们讨论参与国际贸易的商品。但是除了参与国际贸易的商品和服务以及我们这里关注的商品和服务外，还有其他诸如零售、房屋建造等不可贸易的商品和服务。不管贸易品的分工如何，这些不可贸易的商品和服务为国民收入提供了基础。我们将在第九章中讨论这一问题和一些相关言论。

上升而稳步上升，除此之外，英国的份额也在逐渐增加。当英国的份额越过世界收入的顶点时，英国的上边界线仍将继续上升。但是它上升得更慢了，因为当英国的份额稳定上升时，世界总产出（英国占世界产出的份额在增加）在下降。最终，英国边界线在世界边界线最高点右边的某个点达到最高，然后开始下降。在右端，即在 $A_U$ 点，英国的份额达到 100%，它与世界上分界线的高度一致。

当英国在世界收入中所占的份额达到 100% 时，英国的国民收入水平就是标志性的国民收入水平。它的高度向我们展示了英国不进行贸易时的国民收入，因为与一个在世界经济中所占份额为零的贸易伙伴开展贸易与无贸易没有太大的区别。这个高度代表了一国独自生产时的国民收入。如果均衡点在纵轴上的高度高于无贸易点 $A_U$ 在纵轴上的高度，那么，对英国来说，该均衡点必定是一个优于无贸易的点。同样地，如果一个均衡点低于无贸易点，这意味着一国的境况将劣于无贸易时的境况。在这种情形下进行贸易，它将遭受损失而不是获得收益。

## 3.6 单个国家均衡点分布图及其经济后果

在图 3.3 中，英国的山形图具有直接的经济后果。一方面，它告诉我们有一个布满均衡结果的区域，它的收入水平甚至要低于无贸易时的收入水平（这些点位于水平虚线以下）。所有这些均衡结果都使一国的境况坏于其退出贸易，即退回到完全与世隔绝时的境况。这些不利的结果是靠近图左侧的均衡。这些均衡与我们在本章开始时给出的直觉描述相吻合。在这些均衡上，英国提供的产量在世界总产量中所占的百分比很小，或者说，英国从事生产的产业非常少。例如，在这些均衡上的可以是一个边际农业国（marginal agricultural country），它与我们前面描述的发达国家开展贸易。在所有这些均衡上，一国的国民收入低于无贸易的标志点，即 $A_U$。

显然，图 3.3 表明，存在规模经济或是高启动成本的情况下，国家间的自由贸易并非总是自动地使各国受益。自由贸易可以产生许多稳定的均衡，这些均衡使一国的境况坏于其完全撤出贸易时的境况。英国的可能结果形成一个山形图，该图使我们看到一国在世界收入中所占的份额和该国自身的财富之间的关系。均衡的分布意味着在达到英国山形图的最高点之前，如果英国在世界收入中的份额增加，那么它的国民收入将增加，它的生活水平也将因此而提高。例如，如果英国在世界收入中的份额是 40%，在该收入份额下必定有一些均衡使英国可以获得高于其份额只有 30% 时的绝对收入，不仅是收入份额为 40% 时的最高均衡高于收入份额 20% 时的最高均衡。使英国占世界收入的份额达到40%的大多数可能均衡所代表的国民收入高于使英国收入份额达到20%的可能均衡所代表的国民收入。收入份额为40%时的所有均衡点形成的整个带状区显然要高于收入份额为20%时的所有均衡点形成的整个带状区。

但是，一旦我们越过均衡带状区的最高点，并继续向图的右端移动，情况就会反转。当英国在世界收入中的份额由80%升至90%时，英国不是越来越好，而是越来越糟。均衡带状区转而向下，这意味着英国的生活水平，也就是均衡时的绝对收入在下降。这种情况发生的原因是，在靠近图的右端，英国已经积聚了如此多的产业，以至于世界经济的产出大幅下降。在这种极端情况下，英国生产世界贸易中的几乎所有产品，但人均世界产量下降。因此，尽管到目前为止英国占世界收入的份额达到最大，但是英国仍然受到损害。由于其份额过大，英国得到的是一块收益急剧递减的世界产出蛋糕。因此，英国的这种境况远不如其所占的蛋糕很小而整个蛋糕很大时的境况。这就是份额过大的惩罚。

因此，英国的均衡点分布图说明一国的世界收入份额与其绝对国民收入或国家财富之间的关系。在达到某一点之前，通过进入更多的产业获得的收入份额上升有利于一国的财富。过了这一点，从事更多的产业（或者成为唯一生产者）将使该国弊多利少。换言之，在达到某一点之前，一国可以通过增加它在世界产业中所占的份额获益。然而，过了这一点后，发展更多的产业将损害该国利益。

在每种情形下，整个国家都会受到均衡结果的影响。它仅影响那些在获益或受损产业就业的人。整个国家受到国民收入状况的影响，进而受到产业群规模的影响。一国可能只有很少的产业，因此它将很穷；但是一国也可能有太多的产业，此时，其整体状况将比只有较少产业时的境况更差。在这两种情况下，一国的产业数量和规模，以及这些产业的成败都事关整个国家的得失。

到此为止，我们描述了英国的均衡分布模式，但是我们关于贸易伙伴间存在内在冲突的经济结论要求我们不仅要了解每一个均衡上英国将发生的情况，而且还要了解法国会发生的情况。现在，我们可以非常容易地分析法国的情形，因为法国的均衡点分布图的主要特征几乎与英国的一模一样。

## 3.7　法国的均衡点分布图

图 3.4 给出了法国的一系列可能的均衡点。同前面一样，横轴表示英国的世界收入份额，但是纵轴现在表示法国在不同均衡上的国民收入，而不是世界收入或英国的国

民收入。

我们可以用同样的方式从世界的均衡点分布图中得出法国的均衡点分布图。就法国的均衡点分布图来说，我们用世界均衡点的高度乘以法国的收入份额而不是英国的收入份额。正如我们预料的，由此得出的均衡点分布图与英国的均衡点分布图非常相似。它是一个山形的带状区，由所有表示法国的不同均衡点的均衡结果组成。法国的带状均衡点分布图也由上下两条边界线围成，我们在图 3.4 中画出了这两条曲线的形状。

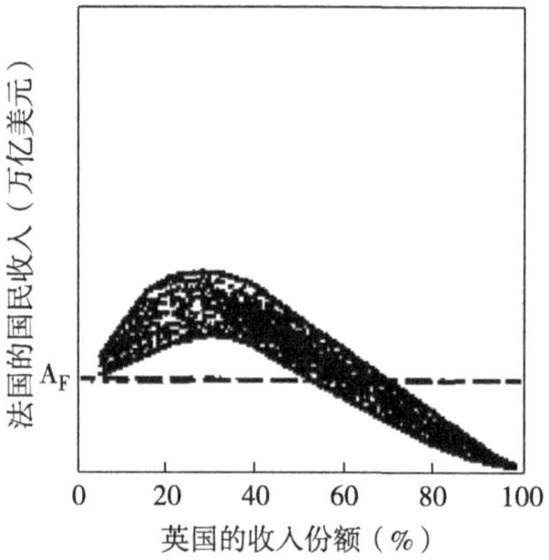


**图 3.4　法国的国民收入**

然而，法国带状区的形状和它的边界线与英国带状区的形状和边界线相反。大致上，它们是英国带状区及其边界线的镜像。这是因为当英国国民收入占世界收入份额为 100% 时，法国的收入份额为零，而当英国的份额逐渐减少时，法国的份额从右向左上升。例如：当英国的世界份额从60%下降到55%时，法国的份额必定从40%上升至45%。其结果是，我们一定会看到法国的边界曲线和均衡带状区从右向左展开，而英国的边界线和均衡带状区从左向右展开。法国边界线的形状和英国边界线的形状正好相反，就像一个在镜中一个在镜外，双方都是另一方的镜像。

正如英国一样，法国也有许多低于无贸易水平（点$A_F$）的均衡结果。并且像英国一样，法国的财富程度将随着法国在世界收入中份额的增加而上升到一个点，然后越过均衡带状区的顶点，最终在收入份额过大的区域内下降。

对法国来说，最佳的均衡点当然是位于山形图顶点的均衡点，而且重要的是，该点对应的英国的收入份额与使英国可以获得最优结果的收入份额相距甚远。这一现象向我们展示了国际贸易带来的第一个冲突。使法国最富裕的均衡要求法国必须在世界收入中占有较大的份额，而使英国最富裕的均衡要求英国必须在世界收入中占有较大的份额。这两种情况不可能同时达到。

利用这个可以同时显示两个国家国民收入的图形，我们可以更清楚地看到这种冲突。

## 3.8 合并图：在不同均衡上英法两国的国民收入

现在，我们将英国的均衡点分布图（图3.3）和法国的均衡点分布图（图3.4）合并在一起，实际上就是把两个图变成透明图，然后把一个图放在另一个图的上面。

合并后的图形（图3.5）表明，两个均衡带状区的边界线，最终形成两山相连的结构。法国带状区的山顶总是位于英国带状区山顶的左侧。在这个新图中，均衡的两个区域组成了两座小山。[①]（我们没有在图3.5中画出均衡点，为了便于阅读，我们只画出这些均衡点所在区域的上下边界线。因此，只有在我们的讨论有这种需要的时候，才会画出所有的均衡点。）

在图中，我们画出了两条垂线，$L_1$ 和 $L_2$，穿过两座小山的最高点，由此将均衡点的带状区划分为三个区域。[②] 在左边的区域，两国的上边界线向右上方倾斜。在右边的区域，两国的上边界线向右下倾斜。在中间区域，英国的上

① 英国的位置由图3.3中的一个点表示，而法国在同一均衡中的位置由图3.4中的一个点表示；所以我们在图3.5中将它们结合起来时，均衡必定仍然由两个点表示，一个表示英国，另外一个点表示法国。

② 英国的顶点U，必然总是落在法国顶点F的右侧，因为正如我们已经看到的那样，点U落在世界最高点的右侧，而点F落在世界最高点的左侧。

边界线向右上方倾斜，而法国的上边界线则向右下方倾斜。

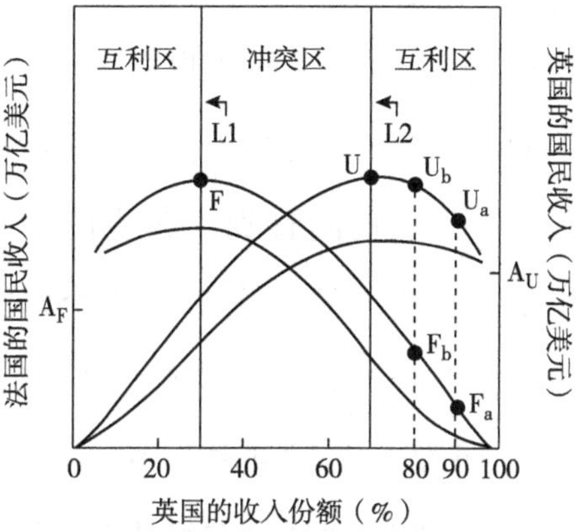


**图 3.5　英法两国国民收入的比较**

现在我们将转而研究这三个区域的经济含义。

## 3.9　国民收入合并曲线的经济内涵

图 3.5 表明，右边的区域和左边的区域都布满了可以进一步得到改进的均衡结果。通过向更靠近图中心的均衡点移动，两国都可以获得更高的国民收入。例如，在图 3.5 中，我们看到如果英国在世界收入中所占的份额是 90%，它就可以获得一个与 $U_a$ 点一样高的收入。但是，如果英国在世界收入中所占的份额降至 80%，它可以使自己的收入最多增加到 $U_b$ 点。但是，英国收入份额的下降却可以使法国的最大收入上升——从 $F_a$ 上升到 $F_b$。换言之，通过提高

法国对总产出的贡献，英国收入份额的下降可以使两国得到更高的总收入。在这些新的均衡上，两国的产业分布和收入份额将更加均衡，世界总收入也将增加。

这与我们对单个国家的均衡点分布，即图3.3和图3.4的分析相一致，在那里我们看到，那些位于可能结果的带状区的最右边或者最左边的均衡对于每个国家都不利。在这些点上，一个或另一个国家占据了太高比例的世界产业，从而在一个相对较小的世界“蛋糕”中占有了较大的份额。合并图清楚地表明，摆脱这种状态能使两个国家都获益。

有一个合理而又具体的例子可以说明合并图外部区域的情况，这个例子就是美国在“二战”后不久所处的状况。事实上，它是图中一个极端的均衡点，当时的美国是具有绝对优势地位的世界产业领导者，它的贸易伙伴也因此减少。根据“马歇尔计划”，美国向受到战争蹂躏的欧洲各国提供了大量援助，以帮助其贸易伙伴走向复苏，“马歇尔计划”显然是美国道貌岸然的自利行动。尽管这一计划导致美国在世界收入中的份额下降，但是它使重新焕发生机的欧洲能够更好地购买美国的出口产品，并提供更多更好的产品用于交换，由此导致美国绝对财富的增长弥补了美国在世界收入中的份额下降。

我们现在来讨论合并图阐释的重要含义。与图外部的状况不同，在图的中间区域，即两条垂线之间的区域——

英国的上边界线向右上方倾斜时，而法国的上边界线向右下方倾斜。这一区域内的均衡点使两个贸易伙伴的利益刚好相反，因此我们相应地把这个区域称为冲突区。提高法国的收入份额通常会使法国的国民收入增加，使英国的国民收入下降；而增加英国的收入份额通常会减少法国的国民收入。事实上，两国相互交叉和反方向的均衡点带状区表明，两国的这些结果是相互矛盾的。简单地说，一国境况的改善必定使另一国的境况恶化。

图中这个较大而又重要的中间区域是近年来日本和德国或者日本和美国在双筒望远镜、汽车、电脑显示器和电视机等产品上展开贸易竞争的几何描述，这种竞争必定导致一国吞并另一国的一个或所有这些产业。

在两个国家的上边界线要么都向上倾斜要么都向下倾斜的合并图的外部区域，两国可以共同获利（因此我们称这两个区域为互利区）。在这里，如果一个欠发达国家从高度发达的国家中获得某一产业，那么两个国家都将获利；也就是说，两国的国民收入都会增加。如果意识到这个机会，两国也许可以通过合作或者协调来促进这种结果。但是在两国的边界线反向倾斜的中间区域，两国实际上处于直接竞争的状态。每个国家都可以通过提高其世界收入份额和产业份额而增进自己的利益，但是通常而言，这些利益的获得必定是以牺牲另一个国家的利益为代价的。

概而言之，这两个贸易伙伴既有共同获利的可能性，也有利益冲突的可能性。在图形外部区域的均衡点上，存在产业的转移和能提高两国收入的世界收入份额的改变。在中间区域，两国的利益是冲突的，一国只能通过牺牲另一国的利益来改善自己的处境。

## 3.10 “理想均衡”真的理想吗？

合并图（图3.5）还说明了单个国家的理想结果是什么：对法国来说最优的点，即F点，以及对英国来说最优的点，即U点。这些最优结果当然远远好于无贸易时的情形（图中最右端和最左端的$A_U$点和$A_F$点）。正如我们看到的，对于两个国家来说都“理想”的点不是位于图中世界总产出有可能最大的中间区域，而是位于或者非常靠近每一个国家山形带状区的最高点。位于英国山形带状区顶部的均衡点，即U点被视为单个国家的理想均衡点。在这一均衡点上，英国得到了其最大可能的国民收入。然而，该均衡点对法国来说，则绝不是理想的结果。事实上，正如图形所示，对英国而言最优的均衡对法国而言往往是很差的。这可以用图3.5中法国区域的低位置来说明，而在这一区域，英国处于其山形带状区的最高点附近，同样在靠近法国山形带状区顶点附近的任何位置，却是英国所处的较低位置。

如果各国都遵循著名的最大化原则，“我穷过也富过，因而知道富总比穷更好”，也就是说，遵循纯粹的自利原则，那么一个山顶是法国的理想结果，而另一个山顶是英国的理想结果，一个国家的理想结果对另一个国家来说绝不是理想结果。但是，人们也有可能认为，在一个国家间收入分配极不平等，因此有些国家很穷的世界中总有一些不如人意的事。正如我们在图中看到的，靠近右端的点和靠近左端的点都包含着巨大的不平等，然而，在中心附近，两国的收入份额更加趋于相等。这促使我们得出这样的结论：从世界福利的角度看，靠近中心的均衡点要优于靠近两端的均衡点。

各国也可以更好地选择采用这种更具世界导向的观点，而更少地选择国家中心主义的观点。但是如果它们做出这种选择，这种选择就是一种明智的选择，而不是错误地认为世界产出的最大化将自动导致国民财富的最大化，并在这种错误认识的基础上做出的选择。这样的国家应该谨记，如果有可能的话，其他国家将做出相反决策，并完全采取自利行动，选择那些不利于其贸易伙伴的结果。

# 第四章
## 生产率变化导致的多种结果

一个不断引起激烈争论的经济问题是外国产业提高生产效率和产品质量对一国国民福利的影响。在这个问题上，企业和工人经常持有相反而又情绪化的观点，而且各党派甚至历届政府也常常意见相左。在许多时候，这种意见分歧都不单纯是对整个国家影响的抽象讨论。如果就业和某一特定产业的命运事关重大，那么具体事件，其中某一产业受到生产效率日益提高的外国竞争者的威胁，就会成为游说和强大政治压力的靶子。

贸易伙伴产业能力的提高是否会使我们的工资下降，并使我们的工人变得贫穷？当一度在国内生产的产品可以以更低的价格和更高的质量从国外获得时，我们的消费者是否能从中获利？应该如何平衡这些冲突的结果？贸易伙伴产业能力的提高对国家总财富的净影响是什么？这些显然都是非常现实和非常实际的问题。

我们将会看到，即使不存在高启动成本和保留性产业，在前面的讨论和分析也可以使我们讨论这些问题。这些问题依然是关于不同均衡的相对合理性的。现在，我们从国家层面上提出问题：即在我们的贸易伙伴提高生产率之后达成的均衡好于还是坏于已有的均衡？

我们用于处理各种不同的保留性均衡的方法完全可以用来说明这一新问题，而且我们得出的经济结论也非常相似。我们将会再一次看到，很不发达的贸易伙伴的进步，对于两个国家都是有利的，但是，该贸易伙伴的进步一旦超过某一发展状态，就会再次引起国家利益的冲突。

## 4.1　变化的产能

当代世界的特点不仅表现为高启动成本和规模经济，即许多产业的可保留性，而且还表现为重大而迅速的技术变化和产业变迁。今天，产业的成功更有可能是后天习得而非自然形成的。它更有可能源自制造技能、诀窍、低工资、技术知识，或者是所有这些因素的有效组合，而不是源自任何自然的赐予。生产能力以及销售某些商品或服务的能力越来越不取决于矿藏的有无，相反，它们更多地取决于后天能力的优越性，更确切地说，是后天能力的水平加上其工资水平能够使一国在某一特定产业上成为竞争者。尽管以自然优势为基础的优越性为存在这些优势的产业提供了稳定性，但是随着新进入国获得专有技术并变成竞争者，其经营管理方法可以被学习而且不需要巨额进入成本的产业必定会发生竞争地位的迅速变化。

在亚洲，我们已经看到这一点。尽管亚洲在高技术产业中已经获得了成功，尤其是日本已经涉足进入成本很高的高科技产业，如汽车和半导体产业，但是亚洲的大部分成功是建立在更为普通的产品之上的。服装和运动鞋不难制造，电视机和许多其他电子消费产品也不难装配。一旦获得这些专有技术，许多亚洲国家的工厂将变得具有竞争性，因为它们的劳动力成本普遍很低。例如，装配操作的知识是可以后天习得的。跨国公司通常会寻觅生产成本低的场所来创建工厂和培训工人。

当然，亚洲的低工资或者墨西哥的低工资并不是新鲜事。新鲜的是低工资与合格的技能、专有技术以及工厂的结合，而市场准入的改善进一步强化了这种结合。这意味着既开放国内市场又进入国外市场，开放国内市场主要借助交通的改善和关税壁垒的降低，而进入国外市场则部分反映了外国越来越欢迎国外的投资。

## 4.2　产能变化和多种结果

在这一章中，我们将不再假定将要分析的产业是可保留的或者能提供任何形式的规模经济。[①] 在此，我们要分析相反的情形，即完全不存在规模经济的情形——古典国际贸易理论就是以此为基础的。不过，由于我们在分析中加入后天习得的技术和技能导致的生产成本变化，因此我们关于国际贸易及其对贸易伙伴的影响的结论与我们在第三章中得出的有关可保留产业的结论几乎是一样的。

我们假定生产采取一种简单的方式，经济学家经常研究这种特殊的生产方式，并把它称为线性生产。[②] 如果投入1个小时的劳动可以生产6个单位的某种产品，投入2个小时的劳动可以生产12个单位的该种产品，3个小时的劳动可以生产18个单位，这样的生产就是线性生产。换句话说，存在一个固定生产率水平——不管生产规模如何，每小时的劳动都能生产6个单位的产品。这一假设对于许多产业来说都是合理的，尤其是劳动密集型产业。在简单的装配过

① 保留性和生产率的变化也能很容易地结合起来，尽管其结果更加复杂，但不会改变这里给出的基本图形。

② 专家们将意识到，本章的讨论同样适用于更常见的规模不经济情况，在那种情形下，小公司比大公司更有成本优势。

程中，更多的工人意味着更多的产出。如果一间厂房容纳不了更多的工人，我们可以以相当低的成本再建一间厂房，从而使产出的扩张过程继续。在这种生产方式下，每个工人的产出即劳动生产率才是重要的。

如果生产是线性的，就不存在进入成本，大规模生产既没有好处也没有坏处。在线性生产的情况下，有可能小规模地进入一个新产业，而且其生产效能与大规模的竞争者不相上下。这是古典规模不经济情形的重要特征，正如我们在第二章中看到的那样，它导致一个唯一的、预先决定的国际贸易结果。

由于线性生产是古典规模不经济情形的特殊变体，因此，对两个贸易国之间任何一种固定的生产率组合来说，通常有可能只有一个均衡结果。但是，如果我们考虑两个贸易国的其他不同的生产率组合，则生产率水平的每一种不同选择都会产生不同的均衡结果——不同的生产率水平越多，结果也越多。

举例来说，如果美国在小麦和大米生产以及在木制家具方面有较高的生产率，而中国在运动鞋和电子装配方面有较高的生产率，那么我们将得到一个均衡结果。但是，如果这些产业中通行其他的生产率水平，结果将会不同。如果中国的运动鞋生产率足够低，那么尽管中国的工资很低，美国的运动鞋产业仍将变得有竞争力，这两个国家之间就会有另一种产业分工，而且结果也将不同。

所以，如果我们假定线性生产，同时还假定贸易伙伴的生产率有可能变化，我们又会有许多不同的可能结果。由此又回到上一章讨论的问题。当存在多种可能的均衡结果时，对各国来说，哪些是好的，哪些是不好的？在第二章中，多种均衡结果归因于保留性产业的存在。在这里，许多不同的结果产生于许多种可能的生产率水平。

在第三章中，我们分析了保留产业模型的所有均衡，这些均衡构成了该模型的可能结果。尽管模型中均衡结果的数量非常庞大，但是，我们仍然可以将这些结果绘制成一张图表，并且从中得出一些关于国际贸易冲突的简单而有力的结论。在这里，我们要做的事情完全一样，但是使用的模型不再是保留产业模型，而是线性模型。我们将考虑两个贸易国所有可能的生产率水平，并使用同样的图表从众多的可能性中得出相应的结果。

令人吃惊的是，与前面一样，这些图表表明，对一国整体福利有利的结果往往对另一国不利。我们将再次看到，对一国非常有利的结果往往是使其他国家变穷。在这些新的环境下，也即没有保留产业，但是存在着不同生产率水平的可能性，我们将再次看到，国际贸易有可能引起国家利益的冲突。

## 4.3 世界经济图

我们的线性生产模型有一个重要特征，即可以以非常小的规模有效地进入一个产业，同时不会产生不利的结果，它给出了不同产业的生产率水平的任意一种组合，准确地说是一种均衡。给定生产率水平的某一特定组合，这一结果就是能够最有效地满足消费者需要的产业分工。恰如前面一样，我们将在世界收入和相对国民收入图（图 4.1）中——其中横轴表示一国的收入份额（相对收入），纵轴表示其真实国民收入——画出与这一结果相对应的点，例如 A 点。

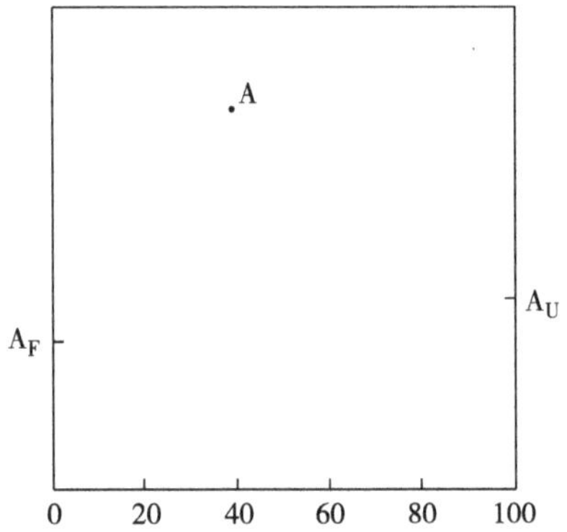


**图 4.1 固定生产率下的均衡点**

接下来，如果我们考虑第二种生产率水平的组合，那么将得到第二个均衡，图中就会有一个新的均衡点。

我们可以继续考察各种可能的生产率水平，然后在图中增加新的均衡点，直到我们绘制出所有可能的生产率水平。

这些国家可能的生产率，以及图中均衡点的可能位置会受到什么限制呢？假定知识和技术状况在给定时间里是一定的，只有在某一范围内的生产率水平才是有可能的。一方面，有一个最低限制。当然，由于经验不足、能力不够或者缺乏工具和技术，生产率水平有可能趋于零，即每劳动小时的产量约为零。另一方面，还有一个最高限制。即使拥有世界上所有的经验、技能、工具和技术，就目前来看，要在单位劳动时间内生产 100 万辆汽车仍然是不可能的。

如果我们想把自己限制在可能的生产率水平之内，我们就必须假定，在任一给定时间内，任何国家的任何产业供应某种产品的能力都有极限，而现实也是如此。如果某个产业的产出很少，它也许在这一极限之下。如果该产业什么事情都做得很好，那么它将非常靠近这一极限。这种极限总是存在，并且在我们的分析中，与现实相关要求我们只考虑生产率水平位于或低于极限的情况。有些国家确实拥有别国没有的自然优势，因此，我们将允许某一给定产业的生产率水平在不同国家有所不同。但是对每个产业中的每个国家来说，我们假定有一个实际的极限。①

生产率在一定的时间内有极限的事实具有重要的经济后果。例如，如果一个高度发达的国家生产某种产品，并且采用最有效的方式生产，它作为主要生产商的地位在一段时间内不会受到威胁。但是，如果一个低工资国家能够学会如何获得同样高的生产率，它就能够以低于该发达国家的成本生产同样的产品，并最终取代该发达国家，成为主要的生产商。如果该发达国家的生产率还没有达到其现有的潜在生产率水平，它就可以通过提高生产率做出反应，同时不断提高其生产率优势以克服工资差异。但是，如果它已经达到所能达到的生产率水平，提高生产率就是不可能的，它将因此失去在该产业中的领先地位。

例如，当纺织厂从新英格兰迁移到美国南部低工资的各州时，它们只不过是在一个工资更低的地区使用同样的技术。这些南移的纺织厂继续使用它们在北方已经没有效率的生产方法。所以，新英格兰其余的纺织厂将无法以提高生产率的方式做出应对，从而也无法重新获得其成本优

① 在足够的时间之后，生产率极限（即固有的可能性边界）也将变化。但是在任一给定的时刻，它们或多或少是固定的。在支持这一讨论的数学模型中，改变极限是有可能的，但是实际的结果，尤其是由此产生的图形与这里讨论的图形是一样的。不过，如果考虑这些极限的变化，对这些结果的经济学解释就会非常丰富，所以我们将在这一章的稍后部分回到这一点继续讨论。

势。正是这种既有生产率竞争又有工资竞争的情形构成了本章分析的基础。

## 4.4　世界收入图：包含所有的结果

在图 4.2 中，我们画出了所有世界均衡的上边界线，这些均衡并没有超过受现有技术和产业知识状况约束的生产率极限。这些均衡遍布图 4.2 所示的曲线下面的区域。[①] 它们代表了英国和法国可以达到的所有生产率组合可能带来的所有不同结果。因为所有在极限范围内的生产率水平都是可能的，所以均衡并不是孤立的点，而是填满了上边界线下面的整个区域。

这些结果形成一个圆顶图，该图与我们在讨论保留性产业时画的图形类似。在图形的最右端，英国几乎生产世界贸易中的所有产品，它的世界产出份额几乎是 100%。只有当英国所有产业的生产率水平几乎全都远远超过法国的生产率水平时，上述情形才有可能出现。事实上，在这些均衡中，法国的生产率相对于英国是如此之低，以至于

① 数学分析表明，就在上边界线的下方很可能存在着小的缺口。这些缺口随着更多的产业被纳入模型而变得越来越小。对于包括 10 个以上产业的模型来说，这些缺口在这种大小的图形中几乎看不出来，因而不会影响我们的经济结论。

即使其工资很低——这反映了其相对非常少的国民收入——也不能抵消法国工人为生产各种产品而必须花费的大量劳动时间。在靠近图形的左端，情形恰好相反。在那里有一个非常不同的生产率组合，由于法国相对于英国的生产率水平非常高，因此它几乎可以生产每一种产品。在图最左端的均衡结果上，英国对世界经济的贡献非常小。

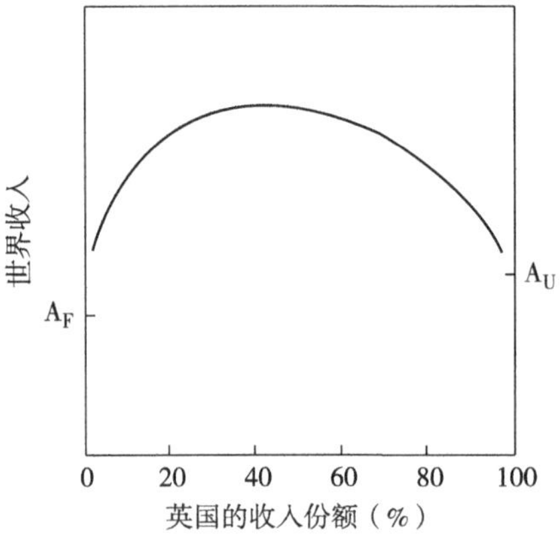


**图 4.2　世界均衡区域的上边界**

然而，如果两国都获得了高的生产率水平，那么在均衡上，两国都会对世界经济的总产出做出大量贡献，而且世界总产出将更大。两国在这个更大的世界收入中所占的份额也会很大，所以代表这些均衡的点将靠近图形的中部而且位于图形的高处，这意味着一个很高的世界收入。

与有保留产业的情形相比，图4.2的不同之处在于，均衡有可能处于很低的位置。到目前为止，我们的图形中还没有包含有上下边界线的带状区，而是允许存在任何低水平的结果。当几乎所有生产者的生产率水平都很低的时候，低水平的结果有可能发生，也许极有可能发生。尽管在每个产业中，成功的生产者将面对其他国家在该产业中有强大竞争优势的潜在生产者，但是其生产率相对于它可能达到的生产率来说仍然是低的。低的均衡点反映了一个生产率普遍低下的世界，其中一个产业的发展水平普遍低于其可能的发展水平。

## 4.5　最优生产率区域

然而，在工业技能可以后天习得的现代世界中，低水平的均衡结果是不可能持续的。真正从事某种商品生产的国家可以通过经验学会如何更好地进行生产，这样它们的生产率水平有可能提高到受现有知识和技能约束的生产率极限。

这种基本上依靠经验驱动的提高过程只能影响一个或几个从事某一给定产业生产的国家。它并不适用于那些从来没有进入过某一特定产业的国家或者退出该特定产业的国家。在那些没有从事某些产业的国家中，这些产业的生产率有可能保留在初始的低水平上。如果一国不曾有过一种产业，它就没有机会在该产业中干中学。

从长远来看，任何产业的实际生产者都有可能达到其目前可以达到的最优生产率水平，这一现象引出下一个论题：当每个产业的生产者已经达到现有技术下可能达到的生产率水平时产生的结果。我们把这样的结果称为最优生产率结果。

最优生产率结果有很多。例如，在某个这样的结果中，英国制造传呼机的生产率达到其最高水平，而法国生产其他产品的生产率很高，但是生产传呼机的生产率非常低，低到趋近于零。在这种状态下，英国将成为唯一的传呼机生产商。如果法国在传呼机生产方面有绝对的生产率优势——达到位于上限附近的生产率水平——而英国生产传呼机的生产率非常低，即远离其最优生产率水平，也许差不多为零，此时将形成一个非常不同的最佳生产率均衡。在这一最优生产率均衡中，法国生产传呼机的成本更低，因此，从长远来看，它将是唯一的传呼机生产商。所有这些可能的最优生产率均衡都位于图 4.3 中的上下边界线之间的区域。我们称此区域为最优生产率区域。

随着时间的流逝，世界经济倾向于达到最优生产率区域内的均衡。这是因为在一个产业中获得生存且非常活跃

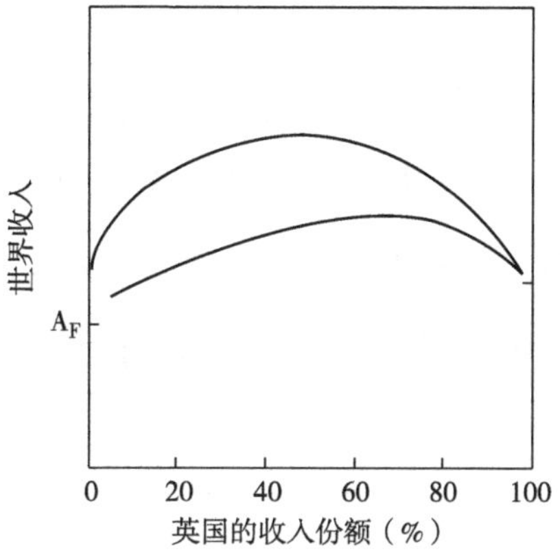


**图 4.3　最优生产率区域的世界收入上下边界线**

的企业往往学会运用该产业中的最佳实践方法。通过这种干中学，经济向最优生产率区域演进。由于这个原因，当转而研究单个国家的图形时，我们将集中讨论最优生产率区域。

## 4.6　不同的生产能力：单个国家的图形和两个国家的合并图

为了从代表整个世界的图 4.3 中获得英国的图形，我们简单地重述一下在第三章中使用的推理。英国的收入水平是通过世界收入乘以英国占世界总收入的份额获得的。如果在一些特定均衡上，世界收入是 20 万亿美元，而英国的份额为 75%，那么英国的国民收入一定是 20 万亿美元的 75%，或者说是15万亿美元。由于在图的左端，英国的份额约等于零，而在图的右端英国的份额约等于100%，因此，在图的左端英国的收入约等于零（因为它等于世界收入乘以英国的零份额），而在右端，它将获得几乎全部的世界收入。其结果是形成图4.4中的山形图，其最高点位于世界收入最高点的右边。①

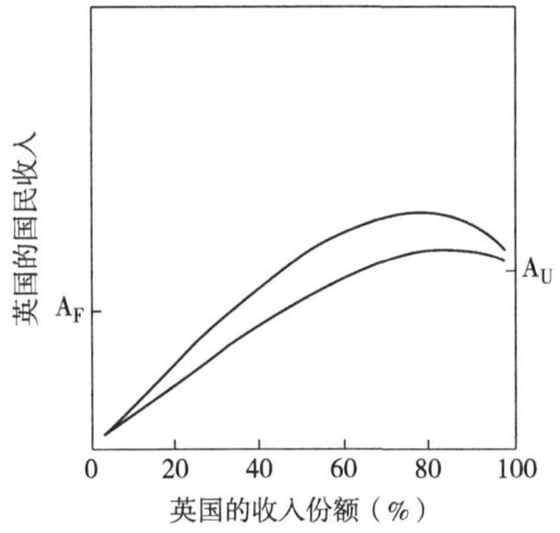


**图4.4　英国的最优生产率区域**

运用相同的推理，我们可以得到法国的图形（图4.5），其最高点在世界收入图最高点的左边。然后，就像在前面所做的那样合并两个图形，我们可以得到图4.6所示的两个

① 和第三章相同的推理在这里依然成立：在世界收入最高点的右侧，世界收入这块“蛋糕”的规模开始缩小，但是由于英国在其中的份额随着向图形的右侧移动而逐渐上升，英国的国民收入继续增加。最后当上升的英国份额不再能够抵消世界收入的缩减之后，该影响达到它的极限。只有在那时，英国的收入才开始下降。

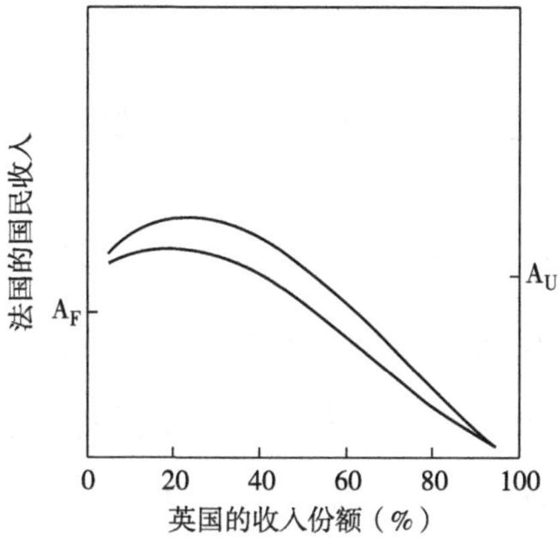


**图 4.5　法国的最优生产率区域**

国家的合并图。

这些图形与我们前面讨论的图形基本一样。①

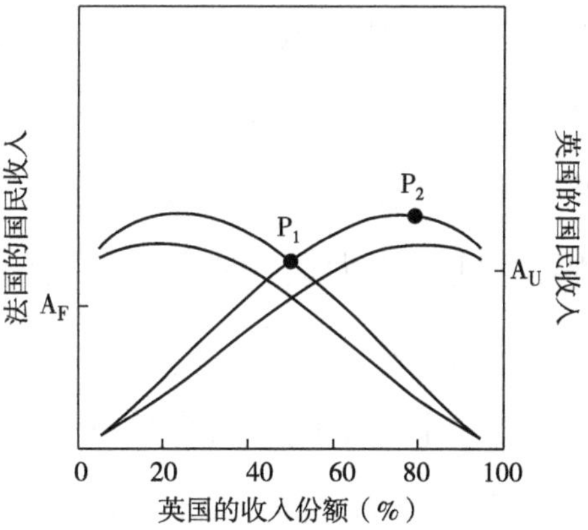


**图 4.6　有两个重要均衡的两国合并图**

① 该模型和保留性产业模型的数学分析事实上是一样的，而且它们能够得出相同的区域形状。我们将在第八章中讨论这两个模型之间的紧密联系，届时会描述被我们称为对应定理的内容。

## 4.7 单个国家的图形和合并图的解释

在这一章中，我们集中讨论由不同的生产率组合带来的多重均衡。在前一章中，我们讨论了各国可保留性产业的不同组合导致的不同均衡。在这两种情况下，我们得到了相同的基本图形。在我们处理不同生产率的情形时，山形的基本图能告诉我们什么呢?

图中山的形状再次告诉我们，在某一点上，如果一国能成功地获得世界收入中较大的份额，那么该国的收入进而其生活水平将会有所改善。同样地，它还告诉我们，在某一点上，如果一国成功地改变了其生产率水平，以至于从其贸易伙伴中抢走了某一产业，那么该国的收入，进而其生活水平将会有所改善。但是，图形也再一次向我们表明，这一过程不可能走得太远。如果一国的份额变得太大，其真实国民收入将会下降。

同理，如果看一下两个国家的合并图，就像前面一样，我们会看到，在位于两个最高点之间的区域，两国的利益本质上是对立的。在该图的这一部分中，一国收入份额的增加使其自身的国民收入增加，却使其贸易伙伴的国民收入下降。最终，就像前面讨论的一样，在两个最高点和两端之间存在着一个国家利益并不对立，而是互为补充的区域。例如，在图的左端，法国的世界收入份额下降既提高了法国的国民收入，也提高了英国的国民收入。

我们看到我们的均衡图也适用于差异生产率增长导致的后果，它使我们回到第三章的主要结论：即使不存在产业的可保留性，国际贸易中也存在冲突。

## 4.8　图形的解释：比较发达和比较不发达的贸易伙伴

这些图形和这些结论背后的常识性观点是什么？在第三章中，相当明显的是，如果历史给一国带来繁荣，使之在世界生产中占有很大的份额因而拥有很高的国民收入，那么，尽管它的工资很高，它仍能保持繁荣。它可以维持高工资而无视低工资的竞争者，是因为低工资的竞争者难以进入保留产业。在我们前面研究的环境中，所有导致保留产业的因素——对专业知识、制造技术、市场知识的要求——为现有产业提供了主要优势。这使一国有可能轻易地克服工资劣势，进而控制一个产业。但是，在这里，相应的解释是什么呢？在本章的模型中不存在可保留性，因此，新生产者可以小规模地进入一个产业，而不受其劣势的牵制。那么，如何能实现这样的结果：它使一个富裕的高工资国家有较大的世界收入份额？当高工资国家遇到雄心勃勃的低工资国家的挑战时，高工资国家怎样才能在这样的均衡上保持产业优势?

我们的答案是，只有其贸易伙伴不是一个非常发达的工业化国家时，富国才能获得上述结果。换句话说，其贸易伙伴不能在所有产业中达到最优生产率。如果英国在其大部分产业中都非常发达，而法国却不是，因此法国不是发达的工业化国家，在我们的假设中，“法国”就是相对不发达的代名词。此时，英国可以支付高工资，且是大多数产业中的主导生产商。高工资和高生产率的结合使英国可以在大部分产业中击败法国，因为法国在这些产业中没有达到可能的最优水平。在这些产业中，法国的特征是低工资和低生产率。[①] 这个虚构的“法国”和许多亚洲国家非常相似，在这些国家，经济中只有少数部门具备高水平的生产率，其他许多部门的工资和生产率都很低。

图 4.6 描述的是劳动力和最优生产率有所不同但差别不是很大的两个国家，我们关注的是图中特别有趣的两个均衡点。其中之一在图中用 $P_1$ 表示，这是两个国家都非常发达时达到的均衡。$P_1$ 给出均衡时英国的国民收入。另一个均衡点用 $P_2$ 表示，在该点上只有英国是非常发达的国家，

① 我们隐含地假定，这些产业就是两个国家的最高生产率没有太大差异的产业。请注意我们正在讨论的是商品的制造，比如运动鞋，一项可以习得的技能，而不像金矿开采，没有地下金矿就难以进行。

而且其贸易伙伴的生产率水平允许英国获得最高国民收入时的结果。换言之，可以说在这一点上，法国是英国理想的贸易伙伴。

对 $P_2$ 点的详细分析清楚地表明我们可以从上述讨论中得出什么样的结论，而且还说明了上述特定结果对英国的好处。在均衡点 $P_2$，英国在世界蛋糕中占有很大份额，而且其真实国民收入也很高，因为在 $P_2$ 点上法国不是非常发达的国家。由于工资低，法国只能控制少数几个对它来说非常发达的产业。但是在其余的许多产业上，法国是欠发达的。在这些产业中，法国的生产率很低，而英国，尽管其所占份额大、国民收入高、工资也高，但是其生产率优势足以使其成为成本更低的生产商，从而成为这些产业中的实际生产商。英国的世界收入份额因此很大。显然，$P_2$ 点对英国来说是非常好的结果，但对法国来说却非常糟糕。

这种均衡状态的一个例子是，一个有不少发达（虽然并不一定是高科技产业和保留产业）产业的国家与另一个以农业为主而且只有少量农作物出口的国家开展贸易。虽然这种均衡状态在历史上存在了很长时间，但是它们也会变化，在过去的 20 年中，我们看到许多这样的变化，尤其是亚洲“四小龙”的某些经济部门。

如图 4. 6 所示，如果不发达国家（图中的法国）提高其生产率，并开始从 $P_2$ 的状态移向比较发达的状态，那么它将不再是理想的贸易伙伴。这种发展对于法国来说是好的，但是对充分发达的贸易伙伴来说则是坏的。也就是说，在图中，法国向左移动的结果是它移向其收入曲线上一个更高的点，而英国则移向其收入曲线上一个更低的点。由此，非经济学家和某些经济学家都认为，在某些情况下，外国的某个产业提高生产率有可能损害另一个国家，我们的分析恰好证实了这一观点。

## 4.9 快速发展的产业

到目前为止，我们的讨论似乎表明，没有一个国家能保持优势地位。如果在某些时候一国的贸易伙伴相对不发达，该国就有可能位于其山形图顶点附近的均衡上。但是如果一国的贸易伙伴逐渐变得越来越发达，该国除了悲伤地看着贸易伙伴致富而自己的国民收入下降之外别无他法。

不过，事情并非总是这样。在我们的分析中，假定生产率的极限是固定不变的，对许多产业来说，这是一个合理的假定，因为在这些产业中，每年只有很小的生产率增长，这种增长不足以抵御生产率水平增长到其最高水平附近的低工资进入者。然而，仍然有一些产业发展非常之快，以至于新进入者很难快速地将其生产率水平提高到最优生产率水平。生物技术产业和网络公司的发展就是这种快速变化的例子，它们可以被复制，但是其他人难以跟上其快速进步的步伐。

在一个快速变化的产业中占据领先地位的国家可以继续保持其优势和领先地位，即使其贸易伙伴也在学习。如果领先国家继续保持相对优势，即使其贸易伙伴的境况正在逐渐改善，它也能保持其领先生产商的地位。[①] 这种观点为本能地偏好高科技产业提供了基础。也许，那些快速演变的产业，即那些生产率快速提高的产业可以更好地说明一国需要的东西。

各个产业有可能经过一段快速变化和快速发展的时期，然后进入稳定期。它们从易于进入和快速变化的产业转变成更大的幸存公司的集合体。这些公司声誉卓著，备受信赖，其规模可以使它们在一个更加稳定的产业中获得优势。力求在快速演变的产业中获得领先地位的国家有可能获得

---

① 在我们的分析中，实际上可以允许一个产业中的最大生产率增长。此时，两个国家都可以提高各自的生产率而不会改变它们的相对生产率，即相对生产率水平。正如人们可能想象的那样，在这种情况下，在我们的图形中均衡区域的形状绝对没有任何变化。边界变得更高，反映了更高的生产率。我们得出的经济结果只取决于均衡区域形状，将保持不变。这与常识和经济学家的一般观点都是一致的。在一个竞争性的环境里，正是一国与另一国相比较得出的产业相对生产率使一方赢得竞争，而另一方失败，这一点并没有改变。

长期的收益。当变化的步伐渐渐放慢，而且快速演变的产业变得更有保留性时，也就是这些国家确立领先地位之时。

## 4.10 结 论

本章我们用一些图形来描述不同生产率导致的均衡结果，这些图形看上去与前一章讨论保留产业时所用的图形一样。我们根据生产率变化绘制的图形与第三章相应的图形具有相同的基本形状。它们有相同的经济含义，即国际贸易中有可能存在国家利益冲突。我们在可保留产业——具有重大规模经济或启动成本的产业——的模型中，遇到了冲突和矛盾，现在同样的冲突也出现在一个集中讨论现代产业的第二个重要特点的模型中，这个特点表现为技术变化、模仿和技能获取导致生产率的提高。

我们的图形表明，本章的基本结论就是我们在第一章的开头加以概括，并在考虑到规模经济和保留产业的第三章中得到论证的结论。如果不发达的贸易伙伴进入一个新产业而且生产率有普遍提高，那么一个工业化国家将会获益。这一获益过程将持续下去，直到其贸易伙伴发展成为在全球市场中有重要作用的国家。在这一点之后，该新兴贸易伙伴进入更多的产业将对发达国家不利。

我们的讨论还表明，即使在上述情形下，一国也可以采取某些行动以改善其处境。我们的模型表明：对一个发达国家来说，应当集中发展快速演变的产业；对于欠发达国家来说，应当集中发展那些生产率的提高不是非常迅速的产业。

# 第五章
## 第一篇总结

本书的目标是揭示现代产业的一些重要特点如何改变了国际贸易在国家间分配世界产出的方式。这些新的特点，巨大的产业规模、可以后天习得的产业技能，给贸易国带来许多不同的可能结果。各国不再在市场力量的推动下接受全球经济中唯一的和预先决定的位置，一个真正由自然禀赋决定的位置。然而，在不同结果中进行选择并从事一些优势产业的机会，引发了贸易伙伴之间的国家利益冲突。

对世界情境的重新描述，以及由此产生的新的可能性向我们提出了许多问题。它要求我们考虑一国的目标应该是什么，而在回答这个问题的时候，它又促使我们提出另一个问题，即一国可以采用什么样的方法来实现其目标。它也提出了有关政府和公司在促进国家福利中的作用问题。在本章中，我们将讨论这些问题，在一些情况下我们还给出了答案。然而，这些答案更多的是说明而不是药方。本着这种考虑问题的思路，我们希望其他人会找到更好的方法和更好的策略，以便我们对国际贸易的研究能够转化为使国家受益的行动。

我们的国际贸易模型提出的第一个基本问题远远超出经济学研究的范畴。当一国成功实现了的目标导致其贸易伙伴的低生活水平时，该国是否还应该根据自身的利益自行其是？经济学推理并不能给出恰当的回答，而且我们甚至还没有试着去探究这一选择。我们的观点只是一国的选择应该是明智的，而不是基于贸易要么是一致有益要么是本质上有害的错觉。在做出选择时应当谨慎地对待实际涉及的利弊得失。

但是，还有许多其他相关的问题需要做进一步分析。我们已经看到，一国从其贸易伙伴的发展中获益还是受损取决于它在世界产出中所占的份额。如果英国拥有的国民收入份额很大，它就会从贸易伙伴的发展中获益。如果其国民收入份额小于山形图顶点表示的份额，它就很有可能因其贸易伙伴的进一步发展而受损。显然，由此可以引出一个重要的问题：一国怎样才能知道它在国民收入和收入份额图中所处的位置。该图在我们的分析中发挥了相当重要的作用，如果能够知道自己在图中的位置，一国就可以很好地得出它需要更多产业，或者它将从较少的产业中获益的结论。一国怎样才能知道它目前的结果在图中所处的位置呢?

如果一国成功地回答了这个问题，那么该国就知道了它在可能结果中的位置和它想达到什么位置。接下来我们面临另一个问题：如果政府确实能够确定一个更好的结果，那么它是否应该尽力使国家向着这个更好的结果移动？毕竟，在企业自由经营的经济中，贸易是企业和产业的领地，贸易的结果取决于许多单个企业的个体决策行为。

主张政府在国际贸易模式中的作用，并不意味着提倡政府的积极干预。政府作用的基础来源于如下事实：由国际贸易导致的产业生产模式影响各贸易国中每个人的生活水平，我们在图中对此做了大量说明。一个产业的成功或失败会改变均衡结果。这不仅关系与贸易直接相关的企业或是产业的局部利益，而且由于它对国民收入的影响，因此还关系整个国家的利益。政府直接干预产业是一个极其复杂的问题：正如我们知道的，政府行为既有利也有害。

最后，如果一国知道它处在图中的什么位置以及它想达到图中的什么位置，并且意识到这是整个国家的问题而不只是局部问题，那么人们必定会问，该国怎样才能获得更好的结果。为了达到这个更好的结果，它是否应该创建或破坏、帮助或损害一些产业？或者说，是否有更具吸引力的行动过程？我们把这些问题放在本书第一篇的最后一章。

## 5.1 一国如何知道它的位置

通过引入需要大规模生产的产业，或者通过加进各贸易国在各产业中的生产率变化的影响，我们修正了古典贸易模型。在上述两种情况中我们发现，在我们的基本图形中，代表不同的可能均衡的点分布在山形区域内。无论山的形状是归因于大规模生产还是后天习得的技能，如果一国只追求自己的利益，那么它希望得到的最好结果就是达到山顶上的点。这些结果由图5.1中的两个黑点表示。

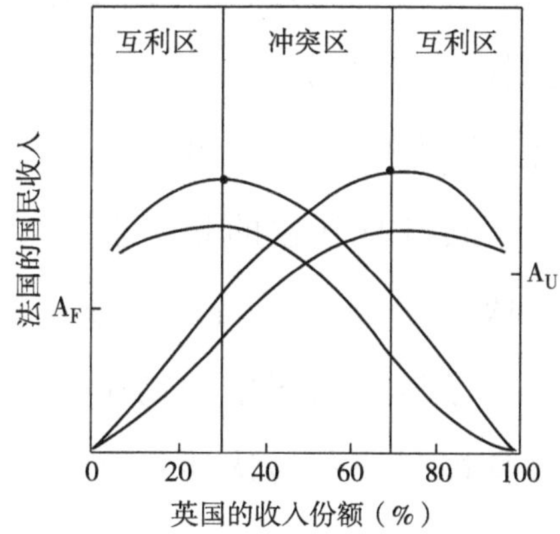


**图5.1 冲突区和互利区**

如果一国的收入份额大于其最优收入份额，那么它就位于我们在前面所说的互利区内。如果该区域内的国家将其一部分收入份额和产业给予贸易伙伴，它往往将因此受益。在这种情形下，我们可以合理地宣称自由贸易将使另一个国家成为“对我们的产品来说更好的市场”，两个国家都会从变化中受益。

但是，如果一国在世界总收入中所占的份额小于其对应于山顶的份额，那么它就处于两个山顶之间的区域内，我们在前面的讨论中将该区域称为冲突区；或者处于冲突区的左边，即第二个互利区内（图5.1）。在冲突区内，两个国家处于相互竞争的位置。如果某个国家能成功地提高其各个产业的世界产出份额，并成为更多产业的生产商，它就有可能获益，因而逐渐成为工资更高的国家。不过，尽管在这一过程中获得成功的国家可以受益，但是它是以牺牲贸易伙伴的利益为代价的。

这样的讨论直接促使我们提出如下问题：一国怎样才能确定真正促进其自身利益的是产业的增加还是产业的减少，进而是收入份额的提高还是收入份额的下降。只有一国知道了自己目前在图中的均衡位置，它才能确定产业变化对自身福利和贸易伙伴福利的影响。这些完全相反的变化，即产业的增加或减少，在哪些情况下是合意的？

无论一国是单纯追求本国的国民利益还是采取一种更全球化的观点，它都必须确定它目前在基本图形中处于什么位置。虽然我们找不到简单而又明确地确定均衡位置的方法，但是仍然有一些可靠的指标可资引用。

## 5.2　确定均衡结果位置的现实指标：工资差异

在第四章中，我们看到由一国国民收入构成的世界收入份额，与该国相对于其贸易伙伴的工资率紧密相关。一国所能获得的（凭借其拥有的许多保留产业，或者在非保留产业中的生产率优势）世界收入份额越大，它可以支付给工人的工资就越高。在图5.1中，我们可以看到，在位于英国山形收入图顶点的均衡点上，相对于法国而言，英国获得了很大的产业份额（大约占总量的70%）。在这个顶点上，英国达到了最高可能的国民收入，并且可以向其工人支付非常高的工资。在英国的顶点上，法国的状况则很惨：它最终占有的产业份额和世界收入份额很小。在该点上，相对于英国的收入，法国的收入简直可以用贫瘠来形容。它的产出也低，而且它不得不向工人支付低得可怜的工资。根据我们的计算（对规模大致相同的国家），在英国山形收入图的山顶，英国向工人支付的工资通常是其贸易伙伴的2~4倍。所以，从工资率的角度来看，一国理想的贸易伙伴（在其结果最好时的贸易伙伴）的工资要比该国本身的工资低50%~75%。图中的这种关于相对工资的现象为一国努力寻求它的理想位置，帮助它估计自己目前的贸易地位提供了一些指导。

工资率标准（或者接近于工资率标准的其他指标）能够帮助我们确定现实世界中的贸易伙伴是不是理想，并告诉我们哪些国家位于冲突区，哪些国家位于互利区。然而，因为每一个国家的不同工资率是不容易比较的，所以我们将转而使用一种与工资率标准相当接近的指标——人均收入数据。① 这些数据表明，许多欧洲国家的人均收入高于美国人均收入的75%。例如，瑞士的人均实际GDP是美国人均实际GDP的92%，挪威为85%，德国为84%，丹麦为79%，法国为79%，比利时为76%，荷兰为75%，奥地利为73%，英国为73%，意大利为72%。② 正如我们看到的，这意味着这些国家和美国有可能在冲突区内。

类似地，我们往往可以发现，发达国家和部分发展中国家处在互利区内。例如有一组亚洲国家，包括泰国、印

① 正如测算收入一样，我们应用了 Robert Summers 和 Alan Heston 的 *Penn World* 表5.6以及他们对101个国家的人均实际GDP相当复杂的估算（要了解细节问题，参见 Summers and Heston，1991）。这些数据来自国民收入除以每个国家的总人口数，并且可以与经通胀调整的人均收入进行统计学上的比较。为了将这些比较与我们的两国分析相适应，我们可以把西欧看作一个与美国进行贸易的单一实体。

② 日本的人均收入也使日本落在冲突区。

度尼西亚、巴基斯坦、中国、印度，以及一组拉丁美洲国家，包括哥伦比亚、厄瓜多尔、秘鲁和玻利维亚就是这样的发展中国家。而在非洲，则是刚果、摩洛哥、尼日利亚、加纳、乌干达等国。它们的人均 GDP 是美国人均 GDP 的 3%~22%。在可得到的 101 个国家的数据中，有 68 个属于低收入国家，这样就为世界上的富国采取明智的自利行为提供了大量机会。

在上述两组国家之间还有一小组国家，它们的人均收入接近美国理想贸易伙伴的人均收入。这组国家包括韩国、希腊、委内瑞拉和墨西哥。这些国家当然不是非常贫困，但是它们仍然与最富裕的国家有相当大的差距。

比如说，对美国来说，这些数据从直觉上表明如果南美洲各经济体提高生产率，即使某些产业提高生产率会抢走美国同类产业的生意，美国也会因此获益。这样的发展对美国和南美洲国家都是有益的。另外，这些数据表明，西欧或日本提高生产率则对美国经济不利。事实上，如果美国能从这些工业化地区获得某些产业，那么美国的收入就会增加，但是美国这样做是以牺牲上述地区的利益为代价的。①

① 我们的分析一直假设世界只有两个国家。采取这种明显不合现实的假设是为了简化分析和讨论。然而，我们将在第九章中说明，对于两个以上国家的情形，该分析同样有效。

## 5.3 向更优均衡的移动

我们已经讨论了全球均衡的位置，现在让我们继续讨论下一个问题：一国怎样才能提高其世界收入份额，也就是说，它怎样才能达到最有利的产业份额？对于一个相对于其主要贸易伙伴而言工业化水平低下的国家来说，产业份额的任何提高都是有利的。如果一国的相对位置因其贸易伙伴的不同而不同，则该国会发现，有选择地改变其相对位置、从更富裕的国家获得产业，以及鼓励更不繁荣的贸易伙伴进入更多的产业部门是合意的。

我们在这里再次强调，产业份额的所有这些变化会对整个国家产生重大的影响。特定产业的产出份额增加对整个国家都是有利的——扩张的产业本身并没有得到产业份额增长的理想结果。但是，由于各个产业或单个公司不能期望获得产业份额变化的所有有利影响，因此，它们也许不会为产业份额的增长目标投入所有的努力和资源，这些努力和资源能使国家整体利益最大化。这一熟悉的推理方式赞同市场力量以外的某些补充激励。尽管这一点在理论上是清晰的，现实的问题是如何找到真正起作用的机制，找到真正成功地扩张或获取可保留产业的机制。

政府的扶持旨在鼓励一个产业的成长，无论它是不是新生产业，许多不发达国家都采取这种发展道路，既没有对之做出分析，也无视国际经济社会的抗议。对某些国家来说，这种策略曾经发挥过作用，而对另一些国家来说，这种策略并没有发挥作用。例如法国有一项扶持计算机产业的长期计划，巴西和日本也曾对计算机产业实施政府扶持。在这三个费用昂贵的计划中，只有日本的计划是成功的。欧洲空中客车集团曾经把航空航天器产业作为发展目标，半导体产业首先在日本获得了成功的发展，然后是在韩国。绝大部分政府扶持涉及高科技产业，我们可以把这些高科技产业视为可保留产业，因为它们的启动成本非常高，而且经营规模也非常大。即使在今天，只有少数国家已经成功地进入这些产业。大多数国家甚至还没有考虑尝试这样做。

获得能使一国利用其低工资和进入非保留产业的技术，可以给一国带来相当普遍的增长。亚洲的大量增长都与电子装配、机械装配（低成本的印刷工人）、运动鞋生产、服装制造、人造圣诞树等产品有关。与此有关的许多知识是本地的，也有许多知识是从跨国公司得来的，跨国公司利用这些国家的低劳动成本建立工厂。由技术获得带来的增长有其优势，它只需要从政府获得特许的环境，而不是大量的政府直接干预。

## 5.4 薯片和计算机芯片：哪个产业更有希望

从我们目前论及的内容来看，所有规模相同的产业作为未来发展的对象都将是同样理想的。根据定义，这些产业对产出份额的贡献与其规模成正比，无论是失去这些产业还是得到这些产业，重要的是产业份额。一些国家试图全力以赴地提高其高技术和保留产业的份额，但是，正如我们上面所说的，这是一个艰难的过程。然而，这些保留产业一定会比非保留产业更好吗？或者引用一位美国前政府官员的话来说，薯片产业和计算机芯片产业确实是一样好的目标吗？根据我们的分析，它们是否能带来同样的好处呢？①

至少从短期来看，这些产业中每一个产业的份额增长都会对国民收入做出差不多的贡献，薯片产业的扩张，或者更现实地说是运动鞋制造产业的扩张，可以很好地证明保持它们的可保留性是困难的。在计算机芯片产业，有许

① 当然存在许多其他将薯片与计算机芯片区别开来的事情。例如，计算机芯片的领导地位可能对其他产业产生正的溢出效应。“溢出效应”指的是一项经济交易给没有直接参与交易的人带来有益或有害影响。不过这里只考察对我们的分析有用的区别，因此我们简单地假设没有任何溢出效应发生。

多专门知识是从经验中获得的，即通过干中学获得的，而且知识和设备方面的初始投资日益增大，技术进步的速度越来越快，所有这些使该产业的在位者有机会领先于未来的进入者。但是，如果一个进入者能够进入这一领域，拓展技术和生产边界，并确立起可靠地生产这些复杂和精密产品的声誉，它就是一个难以被击败的竞争对手。简而言之，因为计算机芯片产业是一个保留产业，将资源投资于发展计算机芯片产业往往会给经济带来长远的利益。

这与把资源投资于促进国内制造商在运动鞋生产中占有重要位置形成鲜明的对比。在运动鞋产业中，技术和生产方法是相对稳定的。对于一个发展中国家来说，其优势可以持续很长一段时间，也就是说，直至其通行的工资水平上升到足以使其价格竞争优势被工资更低的国家取而代之。对一个发达国家来说，将政府补贴资金投入运动鞋这样的产业并不会带来生产率的持续变化或者确立起保留优势。竞争可能不会使补贴长期存在。从国家的角度来看，如果说有任何利益的话，它也可能是短暂的。

这是一个更具一般性观点的例子。尽管在我们的模型中世界收入份额是重要的（不考虑产业本身对它的贡献），但是能够确立保留优势的产业是其份额最有希望获得长期增长的产业。本书的分析表明，对于那些有能力确立产业保留优势的国家来说，应该重点发展保留产业，即其份额增加能够带来更持久影响的产业。例如，它们应该重视高科技产业。同样地，我们的分析表明，应该重点发展第四章描述的那类产业，那些产业的生产率极限正在迅速扩张，因而它们可以发展成为保留产业。

## 5.5 选择高收益产业：政府能力、产业引导史、政治障碍以及创新

当一些国家的政府成功地组织、诱导甚至强迫其国内企业进入现有的保留产业时，绝大多数的这种努力是不会成功的。那些已经实现目标的国家都有着强烈的强权政府传统、明晰的产业政策史，以及经验丰富和威望甚隆的政府当局，它能够执行产业政策。这样一组环境似乎与美国的情形相距甚远。事实上，美国的传统恰恰与此相反：它并没有有意识的产业政策，除了某些例外情况，政府当局也从不渴望与国防产业以外的某个产业建立密切的合作关系。即使非常积极的政府指导以及与某一产业进行合作的道路是合意的，但是对美国来说，这样的道路有可能是行不通的。

另外，还有一些所谓的“政治问题”（所有国家都有这一问题，但是这一问题最突出的也许是美国）。即使经济学家认为，从理论上说，政府可以在鼓励、指导和资助

产业发展方面发挥恰当的作用，但是他们仍然遵循美国传统的行为模式，对美国政府的干预持保留态度。他们根据大量令人沮丧的经验认为，无论客观的经济分析就那些适合作为鼓励和扶持对象的产业得出什么样的结论，政府的选择实际上都严重受到政治压力的影响。这些压力往往驱使政府热衷于“夕阳”产业——在这些产业中，就业和投资受到的最大威胁来自市场发展或国外竞争，而且这些产业的未来前景可能是暗淡的——因为正是这些产业可能会感受到最大的痛苦，因而对公共支持的呼声一定是最大的。

虽然美国缺乏敬业的政府当局和强烈的政治意愿，以实施有效的政府扶持进入现有的保留产业并与在位者展开竞争，但是它可以扬长避短地利用一些其他方法来发展这样的产业。美国的传统优势之一是，在大部分时间里，美国的经济规模庞大且与世隔绝。美国国内的钢铁产业在逐渐发展壮大的过程中并没有面临强大的进口威胁。对欧洲国家来说，向美国出口钢铁并不是切实可行的选择，因为相互之间的距离太远。

美国还有实践创新的历史。它在电力、电话、汽车大规模生产、收音机等方面的早期影响，使之能够站在这些产业的前沿，而且随着这些产业从小规模的早期阶段发展成为大规模的保留产业，美国也和它们一起成长。在生物技术、计算机、软件以及互联网等方面，这种传统一直延续至今。

虽然美国没有采取任何明确的产业政策，但是，它对基础研究的持续支持使之在近期获益匪浅，不断投入的政府资源帮助美国新创了一批数量惊人的主要现代产业部门，并帮助美国在这些产业中获得了领导地位。近来的例子是生物技术产业，更近的例子是众多网络公司的崛起。美国也许没有技能熟练、经验丰富的政府人员能够帮助美国创造一个产业来抵御已有的竞争者，但是它确实在很早以前就开创了支持基础研究的先例。这帮助美国走在新兴产业发展的前列。

这种研究基础加上美国的优势——风险投资体系（投资公司和个人的私人网络随时准备投资于高风险、高回报的新兴产业）——使在高科技产业的初期阶段孵化小型创业公司成为可能，在这些小型创业公司中，绝大多数被淘汰，有一些却发展壮大，并成为某个新兴产业的核心。对美国来说，从头开始培育保留产业，而不是跟着进入那些在其他国家已经发展起来的保留产业，是一种更容易获得保留产业的方式。①

① 美国试图进入平板显示器市场没有获得成功是美国难以进入该市场的例证。

显然，政府支持基础研究，以及风险投资体系和强调创业的文化，似乎是美国借助保留产业来维持和提升经济地位的阳关大道。当然，从这一点来看，基础研究本身不是目的。相反，它是预先进入保留产业的一种方式。这表明，基础研究成果的进一步开发，即把基础研究成果转化成市场上的产品，也能做出重要的贡献。但是，政府在这方面可以做些什么是讨论的主题。一些人认为政府的作用应该仅限于支持基础研究，因为他们相信可以将基础研究以后的环节完全交给自由市场。另外一些人想让政府协助把新的研究结果或新技术转换成产品。在此，我们只想关注“目标”，而不是实现目标的方法。我们关注的目标是利用美国在基础研究方面的优势，把它的基础研究成果转化成有利于提高美国生活水平的、成功的新产业。

自由市场力量已经为许多产业带来了这样的结果，或者正在给许多产业带来这样的结果。虽然政府支持推动了互联网的产生，但是随着互联网的进一步发展以及政府控制，尤其是多年以来不准商业实体进入互联网领域，也许延缓了互联网的广泛应用。现在，自由市场主要以风险投资的方式积极地推动这一领域的发展。

但是在其他产业中，情况可能非常不同。例如，尽管在冶金技术和金属化合物的基本理解方面有一些最新进展，但是这些进展并没有迅速地找到将基本理解转化成粉末冶金产业的方法，这样的产业通常是没有自己的基础研究，是与大学联系很少或者没有联系的小公司的集合体。为那些基础研究成果还没有转化成商业应用的产业寻找一些方法以推动这种转化似乎是合理的。在这里，按产业区别对待的方法似乎是合适的，因为将基础研究转化成商业应用的方法在不同产业是不一样的。

然而，我们应当知道，虽然一国可以帮助一个产业的诞生并与之共同发展，但是，当这一产业发展成为大产业，而且对国民收入有重要贡献的时候，该国也有可能不得不保护其现有的地位。半导体产业、钢铁产业和汽车产业都是美国在早年就有重要地位的产业。后来，美国在这些产业中的地位受到极大挑战。在这三个产业中，美国政府确实进行了干预，而且常常无视自由市场拥护者的抗议。在半导体产业中，联邦政府为半导体制造技术联合体（Sematech）提供了一半的资金。在其他两个产业中，美国政府鼓励向美国出口钢铁和汽车的国家实施“自愿限制”。[①] 在每一种情况中，美国的上述产业都赢得了时间，经历了某些困难的再调整，然后成为规模更小但仍然相当重要的产业，而且仍然是国民收入的主要贡献者。

---

① 显然，这倾向于至少暂时地提高美国消费者的价格。经济学家曾经相继质疑过这种“自愿”行动的合意性，它实际上鼓励了外国销售者像垄断厂商那样限制销量而提高价格。

我们再一次强调，本书阐述的理论表明，如果这样的政府干预是成功的，而且一国在世界贸易的地位证明它是合理的，那么它不应只服务于我们讨论的产业。我们的国际贸易模型表明，如果一国的国民收入份额相对于其贸易伙伴没有达到最高点，那么对保留产业的保护符合国家的利益。从美国的角度来看，保持现有的优势，例如在半导体、钢铁和汽车产业保持已有的优势，比重建新产业要容易得多。

## 5.6　提高世界收入份额：非保留产业

迄今为止，我们已经讨论了保留产业的获得，以此作为提高一国世界收入份额的一种方法。这些产业通常由声誉卓著的大企业构成，世界上的工业化国家历经千辛万苦才获得了这些企业。但是我们也应该考虑到非保留产业，那些经营规模未必很大、不引人瞩目的产业。在第四章中，我们看到外国生产率的提高和低工资可以使一国的产业丧失竞争力。如果本国产业已经在最优生产率下进行生产，它就没有办法在本书已经讨论过的自由贸易制度内弥补丧失产业竞争力的损失。尽管为了应对政治压力一国政府往往试图采取补贴这种形式的政府支持，但是这种支持并不会提高国民总收入，它仅仅是把一个群体的收入转移给另一个群体。当补贴停止时，这样的产业最终仍会遭受损失。在这些情况下，一国可以力保本国在每个这样的产业中使其生产率达到世界标准，从而使损失最小化或者避免损失。如果非保留产业的生产率低于其可能达到的最优生产率，则生产率的提高可以暂缓这些产业的损失，并且在某些情况下，还可以同时避免损失。

提高生产率的方法很多。由许多小公司组成的产业得到某一产业协会的帮助，该协会从世界各地收集有关最佳生产方法的信息。在某些情况下，政府或产业本身可以支持该产业中的工人参加继续教育和培训。适合单个产业的需要和特性的方法是最好的方法，而某些产业则不需要支持。但是，目标是明确的。如果可能的话，政府应该支持和尽可能地帮助有关产业达到或接近其最优生产率。如果政府能够找到有效的方法帮助实现这一目标，这种政府帮助不仅符合被帮助产业的局部利益，而且符合整个国家的利益。

当然，还存在另一个方面：本国发现自己和贸易伙伴处在互利区而不是处在冲突区，此时，帮助贸易伙伴发展符合本国自身的利益。如今，跨国公司在国外建立工厂时，就自动地在做这样的事，而且不考虑对任何特定国家，包括其母国的影响。工人和学生的培训与教育是另一种形式的支持。

## 5.7　支持产业的更一般性的政府行为

除了针对特定产业的方法之外，还有一些政府行动旨在改善一般条件以帮助许多产业获得成功。这些措施让自由市场决定哪种产业能最有效地利用自由市场带来的机遇。政府投资基础设施，例如道路或高等教育体制，其目的不是为了特定的产业部门，而是让许多产业都能受益。那些修路的产业，建造或维修大学校舍和设备的产业都将从这类政府支持中直接受益。高等教育体制对计算机产业的好处可能比它对采煤业的好处更大。因此，基础设施反映了被支持产业的市场选择和公共选择之间的折中。

## 5.8　我们对欠发达贸易国分析的含义

远东地区最富裕的一些国家遵循了生产率快速增长的模式，这一模式集中发展少量的产业，而不是均匀地将经济中的总体生产率增长摊薄在众多的产业上。这种集中模式与我们在分析中表明的方法相一致，即一个下定决心通过发展保留产业以获得国民收入长期增长的发展中国家可以获得的最有前景的方法。集中发展少数产业的优势是，它防止了进入可保留产业所需资源的分散。也就是说，它避免了如下情况，即每个产业只能得到少量的资源，从而每个产业都不能获得足够的资源以克服进入保留领域的高成本障碍。

除非一个发展中经济体跻身大经济的行列，否则，它就可能没有足够的资源对许多产业提供激励性的税收减免和基础设施投资，因为资源不足会使该经济没有足够的支出来帮助任何一个产业获得成功。当且仅当该发展中经济将它的努力和支出限制在少数保留产业上，它才有可能获得成功，这似乎是新加坡、韩国等国家在发展其保留产业时曾经使用的方法。我们的分析表明，其他的发展中经济体可以从新加坡和韩国的例子中学到一些有用的东西。

一旦得到支持的少数产业克服了进入障碍，进入障碍就会提供坚实的保护，以阻止其他雄心勃勃的国家，即下一个低工资国家发展经济带来的挑战。但是，可保留性是一把双刃剑。尽管高进入成本使一个已经克服进入障碍的新兴市场经济免于竞争，但是在此之前该经济本身也将不得不首先克服进入障碍。在这种努力的过程中，发展中国家拥有两个重要的资产：第一，它通常有低工资的强大优势。正如我们在第四章中看到的，在非保留产业中，一个经济不会遇到一个已经达到世界生产率限制的低工资国家的进入威胁，但是，这一现象同样适用于所有产业中的某些活动，以及使一个发展中国家进入保留产业的某些活动。

例如，通过利用吃苦耐劳的廉价劳动力为发达国家的公司装配电子元件，但高技能的程序和设计仍然留在发达国家的公司，一国可以进入高科技的计算机产业。这种方式给了发展中国家一臂之力，但是，持续的经济增长最终将抵消发展中国家的工资优势。该发展中国家有必要采取其他行动以便继续保持进入该产业的势头。这些行动可以包括向该产业中的公司提供特殊的政府税收优惠；或提供基础设施，例如运输设施和公用事业的改善；或者要求跨国公司在投资生产的同时也投资研究与开发，甚至要求跨国公司在进入本国市场之前承诺发展更高技能的业务。这样的行动或许能够使一国超越其初期不重要的地位，而且借助低工资来实现的初始进入也能转化成保留产业的逐步发展。

## 5.9 跨国公司及其母国：利益对立

我们刚刚提到跨国公司及其母国在发展中国家逐步发展保留产业方面发挥的作用。但是跨国公司的经济活动对其母国会有什么影响呢？假定一个发达国家的领先公司决定在国外建设生产能力。它可以以刚刚提及的任何原因这样做：它投资的国家可以提供较低的工资和相当高的生产率、新建的基础设施、政府的特殊许可，或者进入新的市场。

如果建设中的新生产能力采取了生产设施的形式，则它的建立可以给外国提供知识和资本。如果该跨国公司已经很好地做出选择，并且能在国外低成本高效率地生产，那么在外国生产的产品就有可能出口到跨国公司的母国。此时，这种海外投资决策可能对跨国公司有利。但是，也存在一些问题：这一决策对跨国公司的母国有利吗？我们的分析表明，答案取决于跨国公司的母国是否与其贸易伙伴处在冲突区内。如果在互利区内，则其贸易伙伴的发展壮大恰好是两国所需要的。向另一个国家出口的资本和知识使这个国家更加接近发达国家的理想贸易伙伴，并且对两国都有利。然而，如果这两个国家位于冲突区内，那么知识和技术的出口只会使发达国家远离最优的山顶位置。在这里，跨国公司的经济活动有可能使贸易伙伴的境况得到改善，但是使其母国的国民收入遭受实际损失。①

上述分析的现实含义是，当美国公司在一个欠发达国家，例如巴基斯坦（或者印度尼西亚、毛里塔尼亚）进行投资时，它有可能符合美国和欠发达国家双方的利益。但是当美国的公司在德国或者日本（美国和这些国家处于冲突区内）进行投资时，它有可能有效地实现其目标，并推

① 根据 Lou Harris（1991）对 405 家大公司的调查，一个公司在美国以外的劳动力占比越大，它就越可能缩小在国内的规模。

动德国或日本的繁荣，但是，它的行动却很有可能损害美国的利益。墨西哥的情况则有些模糊。当美国还是一个孤立的经济强国时，它无须面对这样的情况。当时，更大的可能是公司的财富转化成人民的财富。“对国家有利的也就对通用汽车有利，反之亦然……”① 虽然这样的措辞是令人震惊的，但是它可能是真的，至少在当时的情形下是真的。那时候，工作岗位的创造、工资的支付以及资本投资都在美国发生。与此相反，在当今的世界中，跨国公司与其母国从生产设施的地理位置中获得的利益有可能是截然对立的，而认识到这一点相当重要。

## 5.10　底线：一国向其工人支付最高工资的能力

我们借助国民收入这一抽象概念讨论了发展和保留产业的重要性，我们不应忘记在抽象概念的背后存在着这样一个非常现实的问题：一国支付给其工人的工资。作为一种合理的近似，高人均国民收入可以转换成高工资，低人均国民收入则意味着低工资，而且预示着一国居民的生活水平。生活水平的提高是本书关注的重要任务。我们已经

① Charles E. Wilson 担任通用汽车董事长时，于 1952 年在美国参议院军事委员会（Senat Committee on the Armed Services）所做的证词。

说明，如果一国因其生产力落后或者其他原因而使其在世界产业中的份额下降，那么其国民收入和国内工薪阶层就很容易成为最终的受害者。

## 5.11 结 论

自由贸易并非总是而且自动地有利。国际贸易中的国家利益还有许多方面需要我们做进一步的了解。然而，我们在这里勾勒出的主要结构不可能发生变化。①

我们已经说明，参与全球贸易的国家既有内在冲突，也能共同获利，冲突和共同获利的可能性遵循一个系统的模式。在发达国家之间，使其中某个国家受益的变化很有可能使另一个国家的利益受损。但是从某种角度看，欠发达国家真实收入的提高和其发达贸易伙伴真实收入的提高之间也存在着真正的共生关系。如果不富裕的国家变成工业化程度更高的国家，则两个国家都会受益。

① 在第九章中我们将说明，如何修正这个模型以和目前为简便起见而从讨论中有意略去的现实世界的更多特征相结合。这些特征包括：许多国家都共同生产的产业；（大多数）非贸易品和服务，比如健康医疗、房屋建造和理发的作用；两个以上国家的贸易。令人鼓舞的是，当我们将更多的实际状况加入模型中时，我们从前面更简单的模型中得出的经济结论仍然保持不变。

正是发达国家和很不发达国家之间自发的贸易伙伴关系为有关贸易利益的乐观主张提供了最坚实的基础。有利于一个贸易伙伴的事情很可能也有利于另一个贸易伙伴。发达国家帮助其贸易伙伴的发展有可能促进自身的发展。不过，这只是国际贸易的一个方面，实际上它也有不利的一面。

# 第二篇

# 致专业人士：理论的深化和扩展

# 第六章

## 经济模型、均衡和专业化结果的数量

为了更加全面地理解分析中对均衡的描述，有必要展开国际贸易分析模型、我们所运用的均衡概念以及我们的运算，它们使我们得出如下结论：在规模经济的世界中，市场机制有可能导致众多的均衡。本章以及随后的各章主要是为这一领域的专业人士所著。

首先，很重要的一点是，要意识到我们所说的均衡不是特别不正统的模型的产物。事实上，我们的模型只在一个方面与古典国际贸易模型相悖：那就是假定生产函数是以规模经济为特征，而不是以规模收益不变或规模收益递减为特征。这一模型的基本要素是，在每个国家，都有一组需求函数和一组生产函数对应于不同的商品。如同古典模型一样，我们将均衡定义为这样一组产出和价格，它们必须满足下列三个条件：（1）每种商品的供给等于需求；（2）当只有劳动一种投入时，每个产业的总收入恰好等于劳动成本，因此经济利润为零；[①]（3）各国的劳动实现充分就业。[②]

上述每个条件都能产生一组等式，这些等式共同决定模型中的变量值。这些变量包括：两个国家中每个国家消费每种商品的数量、每个国家生产每种商品的数量、每个国家生产某一特定产品在世界总产出中所占的份额、每个国家投入每一商品生产的劳动数量、每种商品的价格、每个国家的工资率以及每个国家的总收入水平。该模型总共应用了四个假设：第一，世界仅仅由两个国家组成；[③] 第二，只有一种有效的投入，即劳动；第三，每个国家的有效劳动数量是既定的；第四，每个国家的需求函数可以被综合成该国的

---

① 当然，零利润是继马歇尔的《经济学原理》以后的大多数传统模型中的假设，并由许多其他人士，包括 Kemp（1969）和 Ethier（1982）加以使用（要了解以这一假设为基础的早期文献，参见 Chipman，1965，第 740 页）。这一模型假定，规模经济对生产商来说是外部的，而对产业来说是内部的，而且规模经济可以归因于由文中阐述的产业增长诱发的基础设施和相关产业的私人投资。不过我们的定性分析不是依赖于零利润的假设，但是它确实有助于构建一个用于计算均衡点和均衡点区域边界的线性规划。

② 读者可能注意到，我们没有明确地将一个均衡的贸易平衡条件包括进来，当进出口额不相等时，贸易显然是不均衡的。然而，我们很容易看到，如果一个国家的全部收入都花在商品的购买上，满足我们均衡条件的一系列产出和价格都必然自动地使一国的进出口相等：因为根据定义，该国收入值等于其国内产品的国内销售额加上其出口额，它必然等于该国国内产品销售额加上进口额。因此该国的出口额一定等于进口额。

③ 我们已经画出了将分析扩展到三个国家的一些图形，并得出与两国模型基本相同的定性结论。详见第九章。

科布-道格拉斯效用函数。大家都知道，这最后一条假设意味着各国花费在每种商品上的收入总额是固定的，不会随着商品的价格而变化，也就是说，所有的需求在任何价格和数量上都具有单位弹性。花在某一商品 I 上的收入在国民收入中占有固定比例，这一比例由科布—道格拉斯效用函数中商品 I 的消费指数决定。运用这些假设的目的是为了简化正式分析，而且我们相信它们不会影响我们的结论。

## 6.1　完全专业化结果的稳定均衡

完全专业化的结果是这样定义的：对于任意商品 I 来说，两个国家中有一个国家生产 I 的份额为零，而另一个国家在该商品的全球产出中所占的比例是 1（100%）。我们的分析将集中于这种完全专业化的情形，因为（众所周知）规模经济使市场机制走向完全专业化（“自然垄断”），而且正如我们将在第九章看到的，非专业化的情况会让分析变得复杂，而最终得出的结果却是一样的。

直观地说，在规模经济下专业化分工均衡产生的原因是显而易见的。而且同样的推理表明，这些专业化分工均衡是局部稳定的，也就是说，在某些事件使经济稍稍偏离均衡后，市场力量能够令其回到均衡。例如，在完全专业化分工的均衡下，小型机械将只由一个国家单独生产，例如法国。凭借由此积累起来的规模经济，法国将获得优于任何希望以较小规模进入小型机械生产的潜在竞争者的巨大优势。这些小规模进入者将碍于相对较高的成本而不能与现有生产者法国展开竞争，因此很快就会被市场力量彻底驱逐出该领域。市场力量就是这样自动地将世界经济推回初始的均衡状态，法国仍然是小型机械的唯一生产商。我们可以很容易地建立一个正式的动态模型来概括这一情形，并证实前面所述的那种稳定性。

到目前为止，我们已经阐明了规模经济下均衡趋向于完全专业化分工的结果。然而，它的逆命题对于我们的分析来说更加令人吃惊，也更重要。每一个完全专业化分工的结果都是一种均衡，这很容易加以证明。只要我们能证明任何专业化分工的结果都能满足均衡定义的所有三个条件就足够了。现在，我们分几个步骤来做这件事。

1. 在分工给定的情况下，各种商品支出的决定。首先，让我们来考虑法国作为小型机械的唯一生产商时，各国之间专业化生产的分工。我们用已知的需求和生产函数来检验这种分工是不是某一模型的均衡。已知假定的科布－道格拉斯效用函数，每个国家用于每种商品的收入比例是固定的。此时假定各国的收入也是已知的。那么每个国家在小型机械上的支出直接由收入与花在小型机械上的收入比例相乘得出。

2. 每个产业部门的零利润和就业水平。有了这个信息，我们就能够继续说明在各个产业的均衡劳动数量已知的条件下，给定的专业化分工能够满足第一个均衡条件，即零利润。同时我们也将看到每个产业部门中的均衡就业水平是如何决定的。如果消费者花费在小型机械上的支出恰好被支付给法国的小型机械生产工人，这是因为没有其他国家生产小型机械，那么小型机械产业的利润必定为零。因此如果法国小型机械生产工人的人数乘以法国工资率等于给定的世界小型机械支出，零利润的条件就可以在既定的专业化分工结果下得到满足。基于这一原因，在给定的专业化分工结果下，法国任一产业部门，称之为部门 I 的均衡就业，等于产品 I 的世界支出除以法国的工资率。所以下一步就是要得出法国的工资率是多少。

3. 充分就业、工资率及国民收入的决定。接下来我们转向第二个均衡条件：各国的充分就业和工资率的决定。我们刚刚看到，给定世界在某一特定产品上的支出，一个产业部门的就业将与一国的工资率呈反方向变动。因此充分就业的均衡条件能够通过选择一个工资率而得到满足，在该工资率下，根据给定的分工，法国从事生产的所有产业部门的就业总数等于法国的劳动力总量。[①] 工资率与法国劳动力总量的乘积就是法国的国民收入。因而对于任何一个专业化分工结果来说，零利润和充分就业的均衡条件都可以由每个产业中唯一的工资率和唯一的就业水平满足。

4. 供求平衡和价格决定。为了让对专业化分工结果符合所有均衡条件的证明更完整，只需进一步证明各产业部门的供给数量等于需求条件就可以了。已知每个产业部门中雇用的劳动力数量，像前文得出的那样，生产函数可以告诉我们每种产品的供给数量。在每种产品的世界支出固定的情况下，需求量与价格呈反方向变动。也就是说，商品 I 的需求量必然等于商品 I 的世界支出除以 I 的价格。因此我们总是能找到 I 的一个价格使需求量等于（已知的）供给量。我们的论证到此结束。

总之，任何完全专业化分工的结果，即说明何种商品在（且仅在）哪个国家生产的世界贸易品的预先分工，能够在各个产业部门适当的就业水平、各国适度的工资率和每种商品的适当价格下满足均衡的三个条件。各产业部门

① 这里还有一个遗留问题。这样得到的工资率取决于就业人数，就业人数取决于世界需求，而世界需求取决于工资率。但是，可以很容易证明这产生了一个单变量的（线性）方程，该方程可以用来求解工资率。

的就业水平和工资率可以确保各产业的零利润和各国的充分就业，而同时各个商品的价格可以确保其需求量等于供给量。因此，给定任何专业化分工的结果，市场力量都能够大体上驱使各产业部门的价格、工资和就业水平向均衡方向发展。我们由此得出结论，每一个完全专业化分工的结果都能够满足均衡的条件。

我们还可以看到，那些均衡必须全部是局部稳定的，对均衡的轻微背离（其中一个国家试图以小规模[①]进入对于它而言全新的产业）都不能够长期存在下去，因为小规模进入者的成本必然远远高于竞争所允许的成本。这是以前的文献明确描述过的结果（参见 Krugman and Venables, 1992，第4—5页）。

## 6.2　完全专业化分工均衡的数量

所有的专业化分工结果都是均衡的事实带给我们大量的均衡，在第一篇的第二章中，我们曾集中讨论过这一点。现在我们很容易确定在一个两国、n 种贸易品的模型中到底

---

① 如果我们要证明均衡是局部稳定而不是全球稳定的，那么，根据假设，进入必须是小规模的，而不像市场力量证明的那样是大规模的，否则，根据定义，对初始均衡的偏离将不会很小，因此，我们所讨论的变化也将不是局部的。

有多少个专业化分工的均衡。这只是一个确定生产 N 种商品有多少种可能分工的问题。对每种商品来说，都存在两种可能的专业化分工结果：小机械可以单独由法国生产或者单独由英国生产。第二种商品的生产分工使可能的结果数量多了一倍，因为对于第一种商品的任何生产分工都有两个第二种商品的生产分工可能，由此产生 $2^2$ 个可能结果。依此类推，n 种商品就必然有 $2^n$ 个可能的分工结果。如果我们排除两种极端情况，即其中一个国家不生产任何商品，我们最终就得到了 $2^n-2$ 个可能的专业化分工结果。这一数值的增长将比贸易品数量的增长快得多，因此可能的均衡数量会很快达到一个惊人的水平。

我们就此描述了构成模型的关系、变量和假设。除了几个简化的前提条件外，它与古典贸易模型只在规模经济的假设上有所不同。我们已经给出了均衡的定义和规范条件，以及规模经济下均衡趋于完全专业化分工的结果和趋于稳定的原因。我们给出了每种专业化分工都是一个均衡的概括性理论证明。最后，我们还论证了本章的中心结论：规模经济确实产生了大量的完全专业化分工的均衡。

# 第七章

## 贸易结果的图解：有利和有害均衡区域的形状以及市场的作用

在第三章中，我们看到两个贸易国家多种可能均衡组成的区域，它的形状在我们的分析中起着关键作用。这一区域的上下边界呈现山的形状，这使我们能够确定：一国什么时候可以成功地从其贸易伙伴那里攫取一个产业部门使自己受益，什么时候这样做会带来损失。两国上边界的顶点的相对位置表明，一些产业的生产从一国转移到另一国使两国同时受益的情形，以及与此相反，双方的利益相互冲突的情形。这些均衡区域的形状，尤其是上边界的形状还说明了贸易何时会使一国受损而非受益，并说明了这种扰动现象普遍或者罕见的程度。因此对这些形状如何形成做一些解释是很有意义的。在本章中，我们将从给出这样的解释开始，然后论述我们在参数已知的条件下从贸易模型中计算边界的线性规划。

## 7.1 均衡区域的斜坡：上边界的直观推导

我们现在要从两国均衡区域上边界的基本形状入手。我们的大多数结论都是从上边界中得出的。我们需要再一次简要提及第三条边界，世界收入的上边界，它表示把两国收入加在一起时的绝对收入上限。这一总收入边界表明，横轴上的每个点，也即国家 1 的相对收入 $Z_1$，对应于一个可以达到的最高世界收入。对于每一种完全专业化分工的情况，两个国家的绝对总收入可以从我们的均衡模型中计算得出，如图 7.1 中的虚线所示，它其实和计算单个国家的总收入时采用的方式一样，而且同样简单。

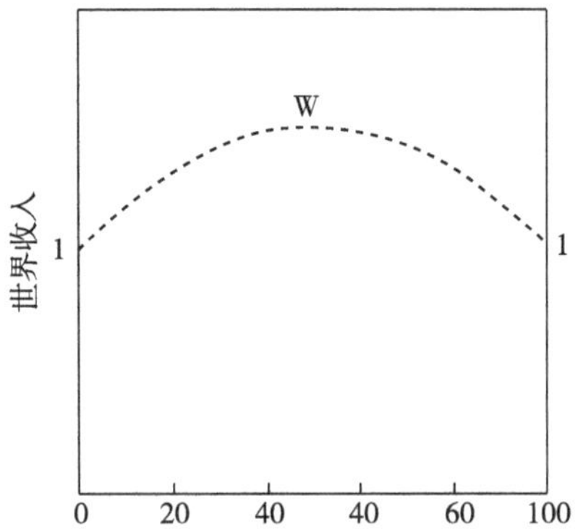


**图 7.1　世界收入的上边界**

世界收入的上边界呈现圆顶形。我们在一百多个被计算的模型中都看到过这一点。有两点原因可以对此做出解释。第一，世界收入的上边界在接近曲线两端的时候处于较低的位置，这是因为在两端，两个国家中有一个国家的全部劳动力都在生产少数几种商品。如果假定世界上的产品存在递减的边际替代率，这少数几种商品的大量产出给世界总产出带来的价值，远远低于该国的劳动力被分配给一个更大的世界产出份额时，给世界总产出带来的价值，后者就是在图形中间发生的情形。也就是说，在接近曲线边缘的地方，必然存在数量众多的这少数几种产品，它们的总市场价值相对较低——远远低于将该国过分专业化的劳动力转移到许多其他产业部门带来的增加值。第二个原因可以在李嘉图式的解释中找到，即贸易带来的产出增加来自专业化分工以及由此带来的实现比较优势的机会。在基本图形的左右两端（参见图7.2和图7.3）贸易是不存在的，因为在这种极端情况下，所有贸易品都只由某一个国家单独生产。也就是说，曲线的右端表示国家1处于没有贸易的自给自足状态，它自己生产全部的N种商品。同样地，曲线的左端表示国家2的自给自足状态。然而，当我们移向图表的中心，产业部门越来越对称地分布在两个国家之间，直到接近中心的一点（即接近 $Z_1=0.5$），两个国家分别生产同样的商品。如今，研究国际贸易的人都意识到，这意味着如果两个国家的生产函数不同，那么潜在的李嘉图贸易收益将会由于各产业部门在国家间的分割而增加。所以，如果存在来自贸易的生产率收益，对应于0到1之间的所有 $Z_1$ 的值，世界总收入边界的高度都将大于它在任意一端的高度。如果两个生产国之间有一种最有效的产品生产分工，那么在图的内部将会有一点，我们姑且称之为W点，在该点上世界收入达到最大。所有这些都说明图7.1中的世界收入边界可以被假定为圆顶形的。

从这一世界收入边界中，我们能够轻易地得出单个国家的上收入边界。既然国家1在任何一个均衡点的收入是世界总收入W（$Z_1$）乘以国家1的份额 $Z_1$，也就是 $Z_1$W（$Z_1$），那

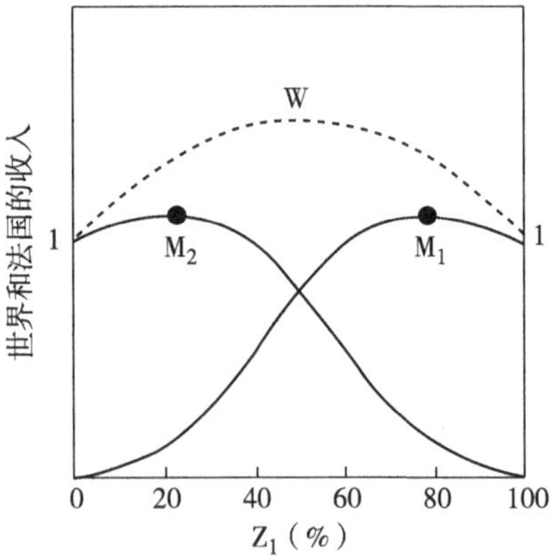


图7.2　三条收入上边界线

么它的上收入边界也将呈圆顶形（图 7.2 中包含点 $M_1$ 的曲线）。[①] 它的高度 $0W(0)$，在国家 1 的世界收入份额 $Z_1$ 为 0 的左端一定为 0。同样地，在国家 1 的世界收入份额 $Z_1$ 为 100% 的右端，国家 1 的上边界的高度一定与世界收入边界一样。因此，如果世界收入边界的一般形状已经给出，那么国家 1 的上收入边界一定也有图中所示的形状。它也会呈山形，顶点在 W 点右边的 $M_1$，因为 W 点时世界收入达到最高，但国家 1 的比例却在增加。国家 2 的上收入边界，收入 $(1-Z_1)W(Z_1)$ 将具有同样的形状，大体上是国家 1 的镜像。因此国家 2 的上收入边界也将大体呈山形，其顶点 $M_2$ 在 W 点的左边，因而也在国家 1 的边界顶点 $M_1$ 的左边。所有这些都在图 7.2 中加以描述，从中我们可以看到当向右移动（使国家 1 在世界收入中的比例稳步上升）时，国家 1 的边界可能会渐渐地接近世界边界。就此我们完成了两国上收入边界形状的直观推导，我们将基于这一推导展开大量的政策讨论。[②]

---

① 如果我们的图形是用一个国家的基数效用而不是它的绝对收入来表示，那么如果该国的效用是其绝对收入的单调递增函数，则完全相同的分析显然适用，而且边界的性质也将保持不变。然而很显然，如果效用是序数表示的，边界凹性的结论就不能成立。

② 在更严格的假设下对边界形状的严密推导，请参见 Gomory 和 Baumol（1996）。

## 7.2 可能均衡的区域：如何找出边界

如前所述，我们的大部分分析主要基于潜在均衡区域的形状，这是一个有边界的图。因此，对于我们来说至关重要的是说明那些边界是如何计算出来的，从而让读者相信它们的确是有理有据的、它们的确准确描绘了均衡区域的特征。

首先，我们如何得知这些边界的存在？在给定任何经济只能获得有限资源的情况下，我们可以安全地假定，任何均衡给出的国民收入水平也是有限的。进一步说，我们在前一章中论述的完全专业化分工均衡的数量方程也说明，当参与贸易的商品数量增加时，均衡的数量将变得很大，然而在商品数量给定的条件下，均衡数量仍然是有限的。因此，对两国中有一国所获得的给定世界收入份额 Z 来说（即在图的横轴上任意一个给定的位置），如果有任意一个均衡点与之垂直相对，那么在这样一组点中一定有一个最高点，而且它的高度也一定是有限的。换句话说，对于横轴上的任意一点 Z，这组潜在的均衡点一定有一个上限。既然国民收入一定是非负的，这些均衡点也必然有一个下限。由此我们可以得出以下结论：这组均衡点一定存在上限和下限。下一个问题就是要找出这些边界线。

在描述具体做法之前，我们想再次指出，我们目前的分析只考虑完全专业化分工的均衡。不完全专业化分工的均衡一定也存在。事实上，现实世界向我们展示的几乎只有不完全专业化分工的均衡——国家间的商品生产分工表现为大部分商品由一个以上的国家生产，但是在规模经济的世界里，大多数不完全专业化分工均衡看起来都不甚稳定。稍后我们将回到非专业化分工的均衡，探讨它们与完全专业化分工均衡的区域的关系。

但是，现在回到我们的中心问题，看起来均衡区域的计算是一个数学规划问题。要找出上限，对于任一给定的Z值，我们要根据约束条件，即确保各均衡点满足构成基本均衡条件的一组方程，找到使一国国民收入最大化的均衡点（或者是在总效用函数已知的情况下使总效用最大化）。正如我们在上一章中了解到的那样，均衡的三个条件包括各个国家实现充分就业、每种商品的供求相等，以及每个产业部门的经济利润为零。我们可以构建一个以这三个等式为约束条件的数学规划，① 其最大值代表一国的总效用或者国民收入。这个数学规划的解就构成均衡区上边界

① 在我们的计算中，数学规划并不使用整套均衡条件，而是使用一个与这些条件相一致的线性约束条件。这一约束条件简单断定一个国家的世界收入份额等于该国在其生产的不同商品的世界支出中所占的份额。这一约束条件及其作用将在本章的后面部分阐述。

上的点，该点对应于横轴上给定的任意一点 Z，对于每个 Z 值的这种反复计算就产生了整个上边界。与此类似，对于一个给定的 Z 值，我们都能计算出国民收入的最小值（满足同样的三个条件），并完成对应不同 Z 值的计算。这个过程描绘出完全专业化分工均衡区域的下边界。理论上说，这就是均衡区域的上限和下限得以确定的过程。

## 7.3 边界确定的两种复杂情况

关于边界确定过程的这一描述看起来可能过于简单。在现实生活中，除了两种简化情形外，至少还有两种复杂情况是我们必须提及的。

首先，我们有必要列出所有的变量，这些变量的数值由规划计算得出。模型中的这些变量包括商品的生产价格、每个国家消费每种商品的数量、用于生产的劳动数量、每个国家的工资率，以及每个国家生产的每种商品在世界产出中所占的比例。最后的这个变量对于我们的分析至关重要，因为正是它能够说明生产分工。假设我们把它叫作变量 $x_{i,j}$，它表示在我们要讨论的生产分工下，J 国生产的商品 I 在世界产出中所占的比例。在完全专业化的分工下，如果 J 国是商品 I 的生产者，那么 $x_{i,j}$ 等于 1；如果 J 国不是商品 I 的生产者，那么 $x_{i,j}$ 等于 0。很显然，如果我们已知所有这些变量的值，我们就能够确切地知道每种商品是由哪个国家生产的。换句话说，每种可能的分工结果都可以由变量 $x_{i,j}$ 的值——0 和 1 的组合来说明。

接下来，我们将说明，要想在我们的可能结果图中确定完全专业化分工均衡的位置，只要知道这些就可以了。这是因为，正如我们在上一章中看到的那样，对于任何给定的分工来说，均衡条件都可以被用来确定每个其他变量的值。零利润条件决定了一个产业部门雇用的劳动力数量，每个国家的充分就业条件决定其工资率，如此等等。因而描绘边界的数学规划问题也就不必费神计算其他变量的值。它只需决定每个 $x_{i,j}$ 的值，而其他变量的计算就可以被推后进行。我们用数学规划计算来描绘完全专业化分工均衡的区域边界，即高收入和低收入边界，在影响这一数学规划计算的复杂情形中，变量 $x_{i,j}$ 的关键作用就是其中的第一种复杂情形。

第二种复杂情形基于这样一个事实，那就是在完全专业化分工的均衡中，变量 $x_{i,j}$ 必须是整数，0 或者 1，因此也是不连续的。由此提出的问题可以通过如下两种途径中的任意一种来解决。首先，我们可以借助整数规划的方法求出最大值和最小值。这在某种程度上使计算变得复杂化，而且由于数量有限的完全专业化分工的均衡点必然会在图上留下空隙，因此通过整数规划得到的边界是不平滑的。另一种可供选择的方法很简单，那就是在这个精确计算中忽略变量 $x_{i,j}$ 只有一个整数值的条件，而简单地假设这些变量是连续的。我们可以证明，当参与贸易的商品数量相对很大的时候，这两种方法产生的边界将非常接近。

## 7.4 两种简化的边界描绘过程

在没有尝试给出详尽的解释之前，我们应当注意到，上文关于确定上下边界方法的描述也会令该过程比实际看起来更加复杂。这是因为，首先，必要的运算包含了只有一个约束条件的数学规划；第二，这个数学规划是线性的——具有随之而来的一切简化情形。

我们只集中于一组变量 $x_{i,j}$ 的做法，使只有一个均衡条件的存在成为可能。通过推迟工资和价格等其他变量的计算，我们得以暂时忽略用于确定那些变量的均衡方程。在不考虑这些均衡条件的情况下，我们只需要在已知 Z 值（该国的相对国民收入）的时候，确定令该国国民收入最大化的 $x_{i,j}$ 的值。为此，我们只需要一个约束条件：决定一国国民收入的等式是变量 $x_{i,j}$ 和 Z 的函数。

这个等式是清楚明了的。如果像我们的模型假设的那样，每一个国家的每种商品具有单位需求价格弹性，那么 Z 的值就决定了每种商品的（相对）世界支出。那么，一国从生产商品 I 中得到的收入就是这一固定支出与该国在商品 I 的世界产出中所占的份额 $x_{i,j}$ 的乘积。因此，该国的总收入就是这些收入的总和，也就是说，所有商品 I 的世界支出乘以 $x_{i,j}$ 的总和。

因此，我们最后只得出一个约束条件。这个条件与变量 $x_{i,j}$ 显然呈线性关系，其中 $x_{i,j}$ 的值有待确定。对于任何给定的 Z 值，我们对上边界的计算就是一个单一约束条件下的线性规划，其中最大化目标是国家 J 的国民收入，其约束条件就是我们刚才描述的线性方程。重复计算取值范围内的所有 Z 值就可得出整个上边界。

下边界的计算也可以以同样的方式简单地推出，只不过这次是在同样的约束条件下求解国家 J 的最小国民收入。

## 7.5　边界的密封性

那么以这种方式计算出来的边界到底能多么精确地描述了一组均衡呢？答案是这样的：当贸易品数量很少的时候，由此计算出来的边界不可避免地会有所疏漏。如果整个世界只有两种商品，小型机械和小零件参与贸易，那么就只有四种专业化分工的方式：英国生产全部两种商品；法国生产全部两种商品；法国生产所有的小型机械而英国生产所有的小零件；以及与此相反的情况。对于所有的 Z 来说，在只有两种贸易品的时候，任何边界组合都必然包括大量的空白点。但是，当贸易品的数量逐渐增加的时候，这些边界很快就开始更好地代表那些均衡点，并且像我们在前几章的图中清晰地显示的那样，当商品数量超过 10 种的时候，与其相对应的点看起来相当令人满意。事实上，我们有一个比上述结果更强的结果。因为我们可以证明：

**定理 1** （填空定理，Filling－in theorem）如果选定边界上的任意一点，而且模型中考察的贸易品数量不断增加，那么将存在大量商品，使均衡点恰好紧挨着被选定的边界点。

也就是说，如果我们预先选定任一邻近标准（两点之间的距离小于某数 r），那么，对于足够多的商品数量，将存在一个均衡点，该点与我们选定边界点的距离小于 r。总之，随着贸易品数量的增加，用这种方法计算出来的边界必然恰好适合一组均衡点。①

① 我们还有一个（更加复杂的）完全符合边界的整数规划计算。

## 7.6　不完全专业化分工的均衡以及两条边界的观察

我们接下来要探讨一个问题，我们关于均衡区域的形状和边界的分析还没有触及。在分析这个问题的过程中，我们将一直关注完全专业化分工的均衡，以助于我们确定均衡区域的性质，并计算均衡区域的边界。然而，现实世界是以不完全专业化分工为特征的，尽管通常只有相当少的国家生产比较复杂的高科技产品。这就很自然地产生一个问题：在我们画出的包含所有专业化分工的均衡，而且往往充满完全专业化分工均衡点的区域中，是否也包含非完全专业化分工的均衡？这里，我们并不试图描述整个论证过程，而只想给出一个答案。它可以这样表达：

**定理2**　上边界是所有均衡点的上限。

如果我们要像计算只有完全专业化分工均衡的上限那样，计算出所有均衡的上限，我们将得到相同的曲线。这反映了如下事实，即所有的非专业化分工均衡都位于完全专业化分工均衡的上限之下，并且当均衡数量增加时，它们也恰好紧挨着完全专业化分工均衡的上限。

非专业化分工均衡的区域与专业化分工均衡的区域相偏离的地方是下边界。正如常识所示，在规模经济的情况下，分割产业（正如非专业化分工均衡下发生的那样）有可能导致比完全专业化分工结果更为糟糕的结果，并因此丧失规模经济。非专业化分工均衡有可能位于专业化分工均衡的下边界之下。至于有多少种非专业化分工均衡，以及它们距离专业化分工均衡的下边界之下有多远，要视规模经济的力量而定。

在一种特别有趣的情况中，当规模经济已经在各产业部门实际达到的生产水平上被耗尽，以至于生产曲线变成直线的时候，非专业化均衡将全部处于专业化均衡的区域内。

图 7.3 描述的是一般情形，其中浅灰的点全部是由计算机从特定的具体模型中计算出来的，它们代表着非专业化的均衡。我们可以看到下收入边界的下面确实存在着这样的一些点。

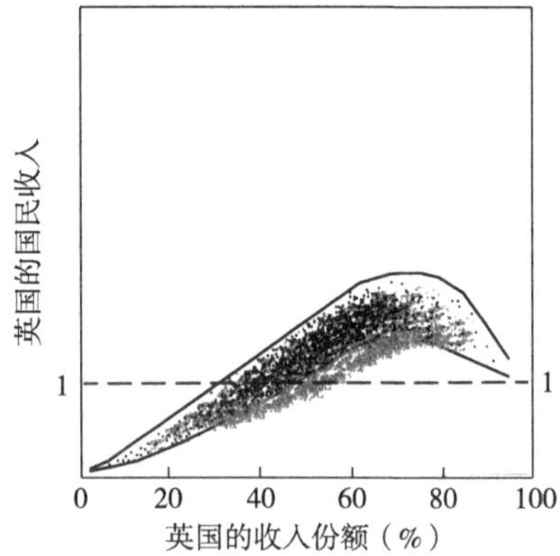


**图 7.3　包括非专业化均衡的均衡区域**

然而这还不是问题的全部。尽管我们讨论的区域并没有普遍包含所有的相关均衡点，然而在贸易品的数量相当多的情形下，该区域确实包含所有（或者几乎所有）重要的均衡。也就是说，它倾向于包含所有的稳定均衡，因而省略的只是那些趋于高度不稳定的均衡。其原因有二：

首先，如果规模经济很大，就会有强大的力量反作用于任何非专业化均衡的稳定性。让我们来考察商品 I 同时在 A、B 两国生产的均衡。此时，均衡要求两国的边际生产成本相等，否则，其中一国就可以使其定价低于另一国，进而增加其在产品 I 上的市场份额，从而重新修正初始分配并导致经济运行偏离初始均衡点。但是，即使商品 I 在两国的边际成本相等，A 国销售量的任何偶然增长也都会令它的边际成本下降至低于 B 国，因此使 A 国的商品 I 的销售量有可能进一步增长，边际成本有可能进一步降低，以此类推，直到商品 I 的生产变成完全专业化分工，也就是全部由 A 国生产。我们甚至还有可能证明，如果几国共同生产的产业部门不止一个，那么在规模经济很大的情况下，仍然不会存在真正的非专业化稳定均衡。然而，如果几个国家共同生产的产业部门只有一个，这种非稳定性的观点就会存在缺陷。当一个国家获得某一产业部门的大部分时，它的工资水平将有被迫上升的趋势，而这会抵消产量扩张后规模经济带来的成本下降。我们可能认为，这种工资上升的反作用力在一个有许多种贸易品的模型中，实际上应该是比较弱的。这是因为在一国众多的产品中只有一种产品的产量扩张了，这好像不会对该国的工资率产生太大的影响，但是在规模经济的作用下，这种产量扩张的企业能够极大地降低该产业部门的成本。如果规模经济最终超出一定的产出水平，那么规模经济带来的成本下降将不会超过工资率的微弱上升。在过了某一点后，生产函数将接近直线。

在实际生活中，超过一定的产出水平后，规模经济的作用开始减弱，这看起来非常普遍，而且它可以解释多国共享产业（shared-industry）这种分工模式的常见性及其显而易见的稳定性。幸运的是，当生产函数在某一点之后成为直线或者近乎直线时，多国共享产业的均衡点（shared equilibrium points）将全部（线性状态下）或几乎（接近线性状态下）落在均衡区域的内部。

我们可以就此得出结论，尽管上下收入边界之间的空间并没有包括所有的非专业化均衡，但是，我们可以相当合理地认为它非常接近稳定均衡区域。

## 7.7　糟糕的福利效果和某些无效均衡

在第三章中我们看到，规模经济模型中产生的许多局部稳定均衡都可能会损害其中一个贸易国的利益。我们已经知道，在图的两条纵轴附近都存在许多均衡，在这些均衡上，两国的境况都更差，而且比靠近图中间的均衡点所表示的境况差很多。换句话说，这一分析表明，在规模经济下，看不见的手有可能会犯大错；它或许会维持一个局部稳定的均衡点，该均衡点并不具备经济学文献所说的特性——市场机制可以提高一国的福利，至少在完全竞争的环境里是这样。我们现在将简要地探讨一下，为什么市场机制会在规模经济的世界里丧失它的一些有利力量？首先，我们要简单明了地证明规模经济模型的均衡并不需要满足生产效率的要求（生产效率通常被定义为：使任一给定商品达到最大可能的产出，同时又不会使任何其他商品的产出下降）。

我们的讨论采用李嘉图的两国框架，即英国和葡萄牙，但是这两国生产的棉布和葡萄酒却被两种当代商品取而代之，即计算机和随身听，我们可以预料到这两种商品生产存在着规模经济。在这样一个两种商品和两个国家的模型中，我们必须记住总是存在两种完全专业化的分工。葡萄牙生产所有的随身听而英国生产全部计算机，或者相反。

在图7.4中，曲线PP′和EE′是葡萄牙和英国的生产边界。这里两条边界曲线向下凸出表示规模经济的存在，因为在生产边界的中心附近，两国的生产属于不完全专业化

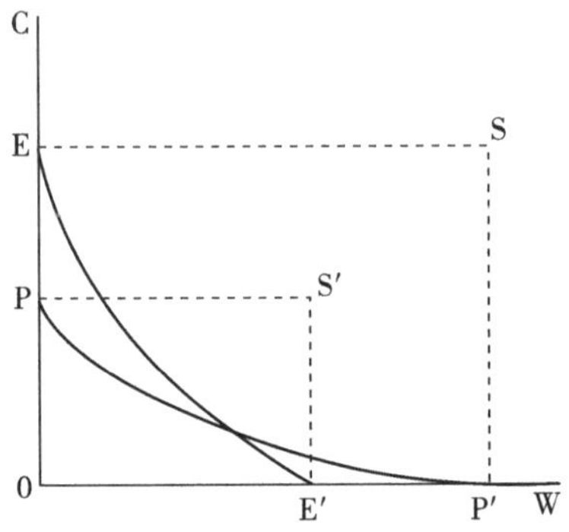


**图 7.4　某些无效率的专业化均衡**

分工，因而每种产品的产量也相对较小，产出向量向下倾斜（与线性生产边界的情形相比，此时的产出点距离原点更近）。[①] 两个专业化分工的解是 S′ = (E′, P) 和 S = (P′, E)。在前一种专业化分工下，世界上所有的随身听都由英国生产，而所有的计算机都由葡萄牙生产；在第二种专业化分工下，生产分工刚好相反。在市场出清的价格水平下，两种分工显然都是局部稳定的均衡，因为如果其中任一个国家试图少量生产对方的产品，它都将因高成本而失败。然而，正如图 7.4 所示，当两条边界相交时，S 点明显优于 S′ 点，因此 S′一定是没有效率的。在两个国家生产边界曲线存在奇数个交点的时候，上述情况将始终存在，因为此时

① 在一篇没有发表的文章中，Avinash Dixit 说明了凸性是规模经济的充分但非必要条件。

葡萄牙生产随身听的最大数量必定多于英国生产随身听的最大数量，而英国生产的计算机必然多于英国。因此，葡萄牙生产全部随身听而英国生产全部计算机的完全专业化分工均衡就必然会优于与之相反的生产分工。这个例子显然可以证明：

**定理 3** （无效率均衡的存在）在规模经济的世界里，稳定均衡可能是无效率的。

显然，我们还可以举出许多这样的例证。

## 7.8 为什么市场通常不能阻止低福利均衡的产生

有人可能会问，为什么市场机制不能自动消除那些福利效果较差的均衡呢？也就是说，假设均衡 B 给两个贸易国带来的收入乃至所有商品的产量都要高于另一个均衡 A。如果世界经济初始状态为 A，为什么两个国家的企业家没有意识到可以分享的盈利机会，并采取行动使之移动到 B 呢？或者说，为什么套利活动不能使市场运行实现福利最大化，就像我们在收益普遍递减的世界中期望的那样？现实的回答是，业务经理实际上既不知道前景确实不错的未来机会的存在，也不知道如何实现更好的均衡。要想达到 B 的状态，就要求各国的企业家在他们以前从未生产过的许多种产品中进行选择。无论是以前的经验还是任何其他的市场信号都不会使这些可能性预先显现。更不用说最好的结果或者可行的选择。而且从 A 移到 B 所需的投资不仅风险很大，而且规模也必须很大，因为以小规模的方式进入必需产业注定要失败。在这样的情况下，我们肯定不能期望有自动的力量驱使经济从 A 到 B。进行必须投资的风险太大，而且可获得的信息也太分散，因而不能确保这种提高福利的行动通常可以由市场力量来执行。任何稍有商业或者政府经验的人肯定都知道，没有人可以从现有的生产分工中预先知道有哪些均衡点，如果确实有的话，能保证各相关贸易国的共同利益，哪怕只让一个国家获取更高的利润或者更高的国民收入。在严重缺乏相关信息、风险很高以及采取行动需要高支出的情况下，我们又怎么能够期望套利或者其他市场机制的手段使经济离开一个不理想的均衡点呢？即使一国陷入比自给自足更糟糕的均衡，它也仍然会因为无知而保持原状。这只是因为自给自足是该国从未经历而且无法评价的状态。因此，尽管一国可能会通过简单地禁止进口所有规模经济下生产的商品而受益，但是，其前景也必定是陷入可怕的未知状态。

还有一个也许更根本的原因是市场机制不能执行使经济从一个均衡移向另一个更佳均衡的改善行动。市场信号是完全局部化的。它们只向企业经理展示稍稍偏离一个初始均衡将产生的部分利润。当存在很多的局部最大化结果时，如果把利润比作一座山，那么一个将利润提高到现有中更高点的移动并不能提供任何信息，以说明在更远的地方是否存在一座比现有利润山高得多的利润山。总之，在规模经济的世界里，市场力量在驱使经济实现局部利润或者局部福利最大化方面是可靠的。但是这些力量无法使世界经济摆脱局部最优状态，走向一个确定无疑的更优状态。这就是为什么在规模经济下，明显次优的均衡可以保持局部均衡。借助历史的偶然性，“看不见的手”的确能够实现均衡，该均衡是局部最优，但从全局来看却远远次于其他情形，甚至次于至少一个贸易国的自给自足均衡。

## 7.9 结 论

尽管在实践中计算完全专业化分工均衡的区域边界涉及许多复杂而又必要的计算过程，但是计算过程的逻辑并不困难。我们已经知道，如何通过线性规划来计算边界。同时，我们还知道，两条边界线之间的区域描述了完全专业化分工均衡的特点，因为这个区域包含了所有这样的均衡点，而且随着模型中贸易品数量的增加，这些均衡点倾向于填满整个区域。最后，我们知道，尽管非完全专业化分工均衡也能落在这个区域里（但是永远不会在它的上面），那些没有落进或者不接近这个区域的非专业化均衡点往往是不稳定的。换句话说，在规模经济的世界里，所有稳定的均衡都倾向于落进这个区域。在下一章中，我们将看到，对于规模收益固定的世界，我们会得出相应的结论，这一结论为我们提供了一个重要的补充观点。

从均衡区域的形状中，我们还看到，一些局部稳定均衡将使两国之一（在多数情况下是两国）的绝对收入低于其可达到的最高水平。此外，它还表明均衡有可能是无效率的。然而，正如我们曾经解释的那样，在规模经济世界中，市场机制丧失了自动驱使经济向更优均衡移动的能力。其可能的结果是，更优均衡将落在该区域中相对较远的部分，这意味着企业家可能意识不到更优均衡提供的机会，而且可能不知道能够使经济移到更优均衡的方法。可观察到的经济参数的值也只能提供局部信息，而且根本无助于我们确定真正的全局最优点将落在何方，甚至无助于我们确定明显优于该经济现有状态的均衡点的位置。

# 第八章

## 线性贸易模型中的国家利益冲突

本章拓展了第四章的分析，阐述古典线性国际贸易模型中生产率增长的更多的分析基础。[①] 经济学家长期以来一直认为，生产率的单方面增长通常有益于生产率上升国家的福利。但是在最近的某些突破性研究之前，包括希克斯（Hicks，1953），多恩布什、费希尔和萨缪尔森（Dornbusch，Fisher and Samuelson，1977），克鲁格曼（Krugman，1979），以及斯塔福德和他的合作者（见 Johnson and Stafford，1993 和 1995；Hymans and Stafford，1995）在内的学者均认为，生产率的单方面增长对另一个国家的影响不甚清晰（因而有争论），例如，英国从 19 世纪德国钢铁生产率的上升中受益还是受损了？我们的分析肯定了他们的结论，并证明在存在单方面生产率提高的情况下，如果它令特定商品生产率增长的

---

① 为更方便阅读，在这里继续进行讨论时，第四章的相关结论将被重述。

国家在该商品的两国总产出中的份额上升，或者甚至占有该商品的全部生产，那么，这种生产率增长会损害该国贸易伙伴的福利。但是我们将进一步讨论它的一般性，这要借助于将它与规模经济或高进入成本相联系，在规模经济或高进入成本的情况下，除了生产率的提高外，各种形式的政府干预都可以被一国用于从另一国手中获取一个产业部门。通过研究线性模型和规模经济模型之间的正式对应关系，我们将证明，一个产业部门由一国转移到另一国通常会（但并不总是）使接受产业国受益，而以牺牲另一国的利益为代价。我们的分析将对一国的贸易政策设计具有直接的意义。

古典国际贸易模型是基于一个除了土地的使用遵循规模收益递减外，普遍存在规模收益不变的隐含假设，这种假设并非过于简单。本章的中心主题就是，我们关于规模经济的分析所揭示的多数事实确实适用于既没有规模经济又没有规模不经济的情况。[①] 我们对于这一古典线性模型的

① 本章中的结论也适用于收益递减的世界而不仅仅是线性情况。为了说明这一点，只需要把它们分解为线性部分并使之接近这样的生产函数。下面为分析完全线性情形而描述的线性规划技术确保这些线性部分将在正确的顺序下使用，最有效率的最先使用，第二有效的只在它的前一个使用之后才采用。根据李嘉图的观点，市场显然将首先利用最有效的土地。

这一分段线性方法在规模经济情况下无效，因为数学运算仍将首先使用生产函数中最有效率的部分。但是在规模经济下这是不可能的，生产率只能在产量达到一个很高的水平后，也就是说，在超过低生产率的低产出水平之后才增长。

探讨也将提供更多的洞见。

1. 假设任何产业部门都有一个生产者可以达到最高（劳动）生产率水平（给定现有的技术），我们可以得到一个均衡区域，该区域由一组规模经济世界里可见的线性模型组成，而这些线性模型有着相同的结构和参数值，只是每个模型中的生产率系数有所不同。像规模经济的情形一样，这一均衡区域存在着上下两个边界，借助于线性规划，我们可以近似地估算出这两个边界。

2. 任一完全专业化分工的均衡解，也就是说任何商品都只在一个国家生产，将是一些合理地选择出来的线性模型的均衡。这些均衡可以被继续有效地划分成两种情况，一国达到每一种商品生产的最优生产率，或者达不到。在后一种情况下，生产国的生产率提高将使贸易双方受益。然而，如果在各国的均衡中有一个均衡达到了最高生产率，那么在一个目前由生产率最高的国家单独生产的产业部门中，另一个国家提高该产业的生产率就可能会使生产率最高的国家受损，因为生产率正在提高的国家有可能会从现有的生产国手中夺走该产业部门。

3. 从其中一个国家 J 的视角来看，我们有可能确定最有利于 J 国的另一个国家的特性。这一系列的特性据说将使这另一个国家成为 J 国的“理想贸易伙伴”。从更宽泛的意义上说，要成为 J 国最理想的贸易伙伴，该伙伴必须要相对贫穷，这表现为工资水平低于J国的1/3。

4. 理想贸易伙伴较低的相对工资水平表明，一个工业化国家只有在如下情况下，即其贸易伙伴的主要工资水平非常低——像我们说过的，通常要低于这个工业化国家的1/3时，才能根据自身利益帮助贸易伙伴提高其相对经济地位。如果其贸易伙伴的相对工资水平超出最低界限，富国只能通过令其贸易伙伴相对工资下降的发展来提高其经济福利。这是两个经济状况相似的国家在贸易中存在固有利益冲突的一个缩影。我们又一次看到，在前文讨论的规模经济模型中存在的国家利益冲突，在线性模型中也同样存在。

## 8.1 线性模型中的多重均衡：一种跨时解释

关于线性模型下可能存在一个均衡区域的想法最初看起来也许会有点奇怪。我们有很好的理由做一个标准的假设：一个线性国际贸易模型通常只会产生一种稳定均衡，而不是成千上万的可能均衡，我们已经表明，这些均衡描述了规模经济的情形，并一起构成了均衡区域。这是正确的，而且我们将讨论只有一个均衡的模型，就像我们在线性情况下预期的那样。不过，正如已经提到的那样，我们不是研究一种线性模型，而是要考察一整组线性模型，这些线性模型除了在一个方面的不同外其他方面都相同。这个唯一的不同就是 J 国生产商品 I 的平均劳动生产率在不同的模型中是不一样的。因此，每个相似模型都将产生不同的均衡，而我们将集中讨论与整组模型相对应的均衡——一个模型，一种均衡。这不同于我们对规模经济的分析，在那里，均衡区域内的所有均衡都是一个模型的可能结果。

这种对一组线性模型的集中分析使我们得以考察一国贸易伙伴提高生产率带来的后果。在这组线性模型中，每一个模型都是生产率增长的静态反映，都为分析生产率增长提供了一个框架。这使我们能够清楚地分析一国贸易伙伴的生产率增长对该国经济福利的影响。

## 8.2　线性模型的图示

我们现在转向研究规模收益不变情形下的均衡区域图形，这里假定生产函数采取一种特别简单的形式。假定 J 国生产商品 I 的数量等于 J 国用于第 I 个产业部门的劳动数量 $l_{i,j}$ 与一个常数 $e_{i,j}$，即 J 国生产商品 I 的（平均和边际）劳动生产率的乘积。我们假设每一个劳动生产率的数值有一定的上限，即最大的劳动生产率水平，用 $e_{i,jmax}$ 表示。J 国生产商品 I 的劳动生产率目前还不能超过这个数量。

和规模经济的情形一样，我们在第四章中已经看到，从这样一个模型中推导出来的均衡点可以用我们目前为止所熟悉的图形中的两点来表示（参见图 3.5 中的点 $U_b$ 和 $F_b$）。每一点分别代表两国中的一个国家。为了得到许多均衡点，我们通过改变生产率数值得到了一组线性模型。也就是说，假设我们从符合第七章中给出的三个均衡条件的任一线性模型开始，接着在其他条件不变的情况下，变换任一或者所有生产率数值，结果会得到两种均衡，一个新的和一个旧的，而二者恰恰在同一组均衡中互相对应。

对每个国家来说，一组线性模型都将产生一组均衡，每个都由图中区域内的一点来表示。一国的均衡点区域像以前一样，有其上限，而且这一上限，也就是相关国家的最高国民收入边界，可以通过本质上和规模经济情形中一样的计算方法近似地计算出来。对每一个 Z 来说，在每个国家和每种商品的产出份额必须与该国的国民收入定义相一致的约束条件下，我们就可以确定一个带来最高绝对国民收入的均衡。这显然是一个线性规划的文字描述，而且也正是这一线性规划被用来确定规模经济模型的上限（第七章）。

从这样一组模型及其均衡中，我们可以选择一小组均衡，称之为最优生产率均衡。它们代表了一组被选线性模型产生的、每个国家掌握的技能足以使之在其生产的各个产业部门中达到最优生产率的所有均衡。这些最优生产率均衡的数量极大，而且全部落在被选线性模型所有均衡区域的子区域中。我们把这个子区域称为最优生产率区域。如同规模经济的情形一样，随着模型中商品数量的增加，区域内往往布满了均衡点。

这个最优生产率子区域很重要，因为正是在这个子区域里我们得出一个给定规模经济模型的 $2^n-2$ 个专业化均衡和一组线性模型的一系列均衡之间的关系。就像我们在下文中将要看到的那样，描述这一关系有两种方式。假设我们选定任意一组线性模型，然后选择任意一个规模经济模型，首先，如果我们计算规模经济模型下所有的完全专业化分工均衡，我们将在这组给定线性模型的一系列最优生产率均衡中找到 $2^n-2$ 个相应的均衡，当然，这要满足某些与模型和均衡点有关的直接条件，对此我们将在下一步分析中加以探讨。第二，我们从这组给定线性模型的最优生产率子区域内的 $2^n-2$ 个专业化均衡点开始，如果这些点满足接下来将要描述的明显相关的前提条件，我们就可以（很容易地）构建一个有相同专业化均衡点的规模经济模型。

这组线性模型的最优生产率均衡子区域也有下限，它用另一条曲线，国家 J 的低国民收入边界表示。通过使上述线性规划中表示国民收入的每个 Z 值最小化，我们就可以得到下边界。上下边界曲线通常大体上呈山形，并围成一个弯月形的均衡区域。正如我们在前面各章中讨论的规模经济那样，对于国家1来说，这个区域开始于图的底部，即零点。当我们向图的右边移动时，这个区域通常开始向上移动直到最后到达顶点，接着就开始再度下降，落到图右边的坐标轴上的某一点。这一点大于零，并代表着国家1在自给自足状态下的绝对收入水平，这时我们假设它的所有产业部门将达到最优生产率。这一形状形成的原因和规模经济情况下完全相同：当某一均衡点从图左侧右移，世界的产业部门倾向于迁移到国家1的手中。但是，如果一直右移，那么国家1得到越来越多的产业部门。在到达某一点的时候，由此导致的国家间劳动分工的强化使世界产出增加。因此，当世界产出规模这块蛋糕不断做大的时候，国家1的蛋糕份额会自动增加，同时它的福利一定会上升，即它的国民收入上限向上移动。不过最后，向右移动得太多意味着国家1获得了太多无效的世界产出份额，从而使世界总产出大幅下降，以至于国家1最后必须经历实际收入的下降，尽管它在缩小了的世界产出蛋糕中的比重在上升。

线性模型和规模经济模型下图形形状的相似性也可以延伸到高收入边界的顶点位置。我们又一次获得这样的结论：国家1（其相对收入 $Z_1$ 可以从左至右表示）的上边界顶点将总是落在国家2的顶点的右边。这再度证明两国之间的利益冲突：使一国实现效用最大化的Z值，将总是迫使另一国的效用水平远远低于前者的最大值。

## 8.3　两部门模型和多部门模型的差异

我们在研究多种贸易品的线性模型中得出的结论从直觉上看似乎不同于我们从更熟悉的两部门模型中期望得出的结论。这说明产业部门的数量是重要的。我们刚刚描述的结果对于产业部门的数目更大，通常是六个或者更多的模型，是有效的。事实表明，这样的大模型与英国—葡萄牙的葡萄酒—布匹小模型有着很大的不同。

要找出产生区别的原因，让我们首先考虑那个著名的例子。在一个两部门模型中，葡萄牙专门生产葡萄酒并达到其最优生产率，而英国专门生产布匹并达到其最优生产率。这种结果对于两国来说是最优的。即使当我们考虑生产率下降时达到的所有均衡，它仍然是最优的结果。这与我们的通常结论，即对一国有利的结果对另一国不利，形成了鲜明的对比。

事实证明，大模型与小模型有两个重要的区别：（1）大模型没有两部门模型的剧烈起伏。在大模型中一国能够从另一国夺取相对小的产业部门，而且从贸易条件的改善中受益，但又不会对世界产生巨大的影响；（2）在大模型中，通常会有这样一些产业部门，两个国家在其中都没有压倒性的自然优势。

为了在不运用更多分析工具的情况下就可以说明第一个区别的作用，让我们考虑葡萄酒—布匹模型并把事情简化，这需要假设葡萄酒和布匹在两个国家的需求是相同的，两个国家具有相同的规模而且分别将其中一半的国民收入花在葡萄酒上，另一半花在布匹上——这是科布—道格拉斯需求的特殊情形。

如果两个国家都处于最优生产率水平上，但是英国生产布匹的效率远远高于葡萄牙，而葡萄牙生产葡萄酒的效率大大高于英国，那么每个国家在其绝对生产率最高的产业中进行专业化生产的结果就是一种均衡。在这一均衡里，每个国家分别获得世界收入的一半。我们处理大模型的经验使我们考虑如下问题，即如果英国移向一个新均衡，在该均衡上，英国将获得一半以上的世界产出，那么英国是否能从这种移动中获益呢？例如，如果在一个均衡中英国获得了55%的世界产出，那么英国的境况是否就更好呢？让我们来探讨一下这种可能性。

既然英国已经获得了所有的布匹收入，那么要达到总收入的55%，它必须拥有世界葡萄酒收入的10%。为了实现这一均衡结果，英国必须在葡萄酒产业具有竞争力。由于假设英国已经达到葡萄酒生产的最优生产率，英国的这种竞争力要求葡萄牙生产葡萄酒的生产率下降到与英国相差无几。由于葡萄牙和英国都将各自国民收入的一半花在葡萄酒上，葡萄酒产业的生产率下降将使英国和葡萄牙生产少得多的葡萄酒。在英国获得55%的世界收入时，确实存在一种均衡，但是占世界产出价值一半的葡萄酒产出却大幅下降。英国在世界收入中的份额小幅增加，然而上述模型使用的计算方法证明，结果对英国和葡萄牙都不利。

不过，如果我们用10个较小的葡萄牙产业部门取代单个的葡萄酒产业，结果一般来讲就会完全不同。我们可以假设每一个替代产业都有和葡萄酒产业一样的生产率优势，并且这10个产业都有和葡萄酒产业一样的总收入。如果这些产业部门全部都有相同的规模，那么英国只需要获得其中的一个就可以多占有5%的世界支出。

在这个新的情况下，可能会存在一个新的均衡，其中葡萄牙的10个产业中将有1个遭受生产率的下降。在这个新的竞争性均衡里，英国是葡萄牙的生产率下降产业的唯一生产者，而葡萄牙仍然生产其他9个生产率保持不变的产业。现在英国拥有了世界收入的55%，却没有对世界产出造成像以前那样巨大的损害。生产率只有在英国新获得的小产业中有所下降，它只代表了5%的世界收入。它的影响完全不同于葡萄酒这个大产业生产率下降的影响。实际计算表明，这个新的均衡要比前一个均衡更有利于英国，但更不利于葡萄牙。对英国来说，其份额增长足以抵消它对世界生产率的负面影响而有余。

两种产品和多种产品情形的第二个不同，归因于后一种情形既有一些生产率差异较大的产业，也有一些生产率差异较小的产业。在当今世界中，有许多这样的产业，对它们来说后天习得的知识和技能比任何固有的自然优势更重要。与那些在一个或者另一个国家占有自然优势的产业相比，例如气候适宜或者原材料充足，上述产业的生产率在不同的国家并没有太大的区别。因此，一国可以在一个均衡向该国所占份额更高的另一个均衡移动的过程中轻易地获得这些产业。这样的移动可以以相对较小的世界产出损失来实现，因此有利于那个获得产业的国家，但损害了另一个国家。我们有时把这些产业称为“秋千产业”（swing industries）。

在这样的产业接管中，确实存在份额增加的影响。但是，生产率的影响，即产业接管发生时造成的世界产出损失，往往比被接管产业的生产率在两国之间相差悬殊导致的世界产出损失要小得多。这又是一个在两部门模型中很可能没有的影响。在葡萄酒—布匹的例子中，英国在布匹生产上有优势，而葡萄牙在葡萄酒产业有优势。由于没有其他产业，因此不可能存在任何中间的产业，也就是说，不可能存在两个国家都没有显著生产率优势的产业。

这两个区别解释了为什么在两部门模型中可能有一个均衡，对这个均衡的任何偏离都将损害两个国家的利益；但是，在一个多部门模型中，这样的偏离将以牺牲一国利益为代价而使另一个国家获益。在后一种情况下，一个国家更容易获得世界产出蛋糕的更大份额而不会引起这块蛋糕的巨大缩减。

## 8.4　对应定理

线性模型的均衡区域和规模经济模型的均衡区域在质上的相似性源自两种模型的均衡及其均衡区域的对应性（接下来我们将进行探讨）。这一对应在前一部分已经给出一些粗略的描述。根据任何一个给定的规模经济模型的均衡，我们可以利用直接对应的均衡建立一个线性模型，这意味着两个均衡有着相同的收入份额值 $Z_j$、每种产品在每个国家都有相同的产出份额，以及既定产量下 J 国生产任何一种商品的平均劳动生产率相同。特别地，我们可以证明：

**对应定理 1**　在一组给定的线性模型中，我们可以找到一个线性模型，它能产生一个与某一特定的规模经济均衡直接对应的最优生产率均衡。

线性模型的得出可以很简单：选取一个规模经济生产

函数 $f_{i,j}(l_{i,j})$，从中计算出 J 国生产每种商品 I 的平均生产率数值 $f_{i,j}(l_{i,j})/l_{i,j}$，然后在一组线性模型中，设定一个对应的生产率参数 $e_{i,j}$，使之等于 $f_{i,j}(l_{i,j})/l_{i,j}$。另外，对于在任何给定的规模经济均衡中不是 J 国生产的任意一种商品 I 来说，这一线性参数被给予一个如此小的数值，以至于 J 国在商品 I 的生产中没有竞争力。这个过程可以一直进行下去，只要满足一个条件：计算出的规模经济模型的平均生产率中没有一个超过线性模型下该国、该商品的生产率最大值。这最后一个条件就是我们前文提到的两个对应定理的第一个。

接下来假设一下我们由一组线性模型开始，并画出该模型中 $2^n-2$ 个完全专业化分工的最优生产率均衡点。有没有一个规模经济模型恰好能产生这些相同的均衡点呢？另外，如果存在这样一个规模经济模型，这个模型是怎么被确定的呢？也就是说，对于任何一组线性模型的任何一组这样的均衡，如果有产生相同均衡的规模经济模型，我们能够把它描述出来吗？我们可以用如下证明来作为回答：

**对应定理 2**　在两个国家专业化生产贸易品的不同分工方式下，由一组线性模型推导出的任何一组 $2^n-2$ 个均衡，将与有 n 种贸易品的单个规模经济模型的均衡相对应，当且仅当，对该组线性模型中的任何两个线性模型来说，对应均衡满足下面的规模经济共存条件：如果给定的线性模型组中有两个线性模型的其中一个模型落在另一个模型的右边，那么国家1在右均衡点上生产任何一种商品Ⅰ的生产率水平一定不高于它在左均衡点上对应的生产率水平。同理，国家2在右均衡点上生产任何一种商品Ⅰ′的生产率水平一定不低于它在左均衡点上对应的生产率水平。

这一定理及其前提条件背后的直观原因如下：在规模经济模型中，当投入一个产业的劳动力数量增加时，依照定义，劳动生产率一定会上升。现在，当我们向图的右侧移动时，国家1的世界收入和产业份额都会增加。在劳动力固定和充分就业的情况下，这意味着在该国越来越多的产业中，每个产业的平均就业一定有所下降。事实上，可以很容易证明在我们的模型中每一个产业的就业都一定下降。因此，如果上述移动与规模经济相一致，每个产业的生产率必然下降。与此类似，随着向图表右侧移动，国家2一定将它既有的劳动力分布到比以前更少的产业中，从而增加每个产业的劳动数量，如果存在规模经济，国家2的平均劳动生产率必定上升。因此，只有该组线性模型满足定理2的规模经济共存条件，才有可能存在一个能够产生相同均衡的规模经济模型。

而且，一旦定理的条件得到满足，构建一个能达到目的，即产生 $2^n-2$ 个被选均衡的规模经济模型并不难，而这些均衡同时也是一组给定的线性模型的均衡。为了实现这个目的，除了生产函数外，我们还要考虑一组线性模型中的所有关系和参数值，根据定义，它们都相等。接下来就可以按照下面的两个步骤构建我们想要的规模经济模型：首先，将给定线性模型组的公共关系和参数值应用于规模经济模型中除生产函数外的所有其他部分。其次，要完成规模经济模型，只需要确定它的生产函数，$f_{i,j}(l_{i,j})$。为达此目标，在任何一个选定的均衡点，假设国家 J 生产商品 I 的平均劳动生产率 $f_{i,j}(l_{i,j})/l_{i,j}$ 等于对应的固定平均劳动生产率 $e_{i,j}$，它在线性模型中产生要求解的均衡。看起来由此得到的生产函数应该是我们所要的。它满足了对应定理 2 的规模经济共存条件，因此具有规模经济，显然它还和给定的线性模型组共同拥有其他所有的相关关系和参数值。

我们所得结果的重要性在于，国际贸易分析中有关规模经济的文献越来越多，这些文献讨论了一些不为人熟知的特征，这些特征并不只是规模经济模型特有的，相反，它们也产生于我们熟知的线性模型，而大家都很熟悉的线性模型的特性可以帮助我们理解新的规模经济现象。

## 8.5　有利于国家 1 的理想贸易伙伴的特征

即使两个国家都从贸易中获益，其中任何一方的利益大小也要取决于另一国的产业数量和性质，以及其贸易伙伴在这些产业中应用的生产技术。我们下面要考虑的问题是：国家 2 的何种产业组合以及它在这些产业中达到什么样的生产率水平才能使国家 1 的利益最大化呢？也就是说，我们将考察如下问题：当我们只从国家 1 的自身利益来评价时，国家 2 的何种产出组合和什么样的生产率水平会使它成为国家 1 的理想贸易伙伴。

让我们首先来看国家 1 在它的所有产业中达到最优生产率的情形。就我们的图来看，国家 1 的理想贸易伙伴要求国家 2 生产分工使国家 1 尽可能地接近其绝对收入边界（上效用上限）的顶点。此时，国家 2 的位置就如图 8.1 中 $A_1$ 点所示。从这个图中，我们可以知道这样几点。首先，由于国家 1 的边界的顶点总是在国家 2 顶点的右边，我们可以说国家 1 的理想贸易伙伴将是一个在世界商品生产中份额相当有限的国家。在类似于图 8.1（包含了 22 个产业）的特殊模型中，那些产品中只有 6 个是由国家 2 生产的，其他 16 个都是由国家 1 生产，这样国家 2 才能成为国家 1 的理想贸易伙伴。这一结论并不是我们原本可以从标准分析中得出的结论。在这种情况下，即使在一个线性关系不断变化（即生产率参数值不断变化）的世界中，一国福利水平的提高也是借助于国家间极其不平等的产业分工实现的，除了该国之外的其他国家只参与非常有限的世界贸易品的生产。我们的结果与非专业人士的普遍观点更接近，即简单地主张国家 1 的理想贸易伙伴就是在世界产业中所占份额很少的经济体。

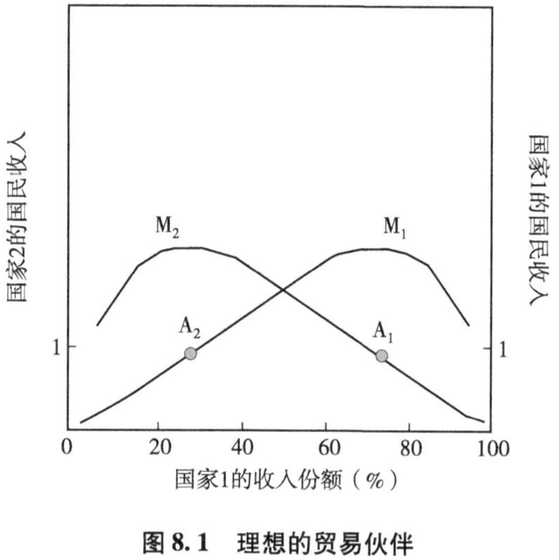


**图 8.1　理想的贸易伙伴**

两国的最优生产率水平相同这一特殊情况的分析对这一定性分析结论提供量化支持。在该情形下，我们有可能进行严密而又普遍有效的计算。这一计算表明，只要各国的规模（也就是其劳动力规模）相似，一国理想贸易伙伴生产的商品总是恰好占世界商品的 24%。

国家 1 的上收入边界的顶点在国家 2 的收入最高点的右侧，这一事实也说明了国家 1 的理想贸易伙伴的位置必定使国家 2 牺牲很大。当国家 2 成为国家 1 的理想贸易伙伴时，它的均衡点（图 8.1 中的点 $A_1$）恰好位于它自己的上收入边界顶点，即 $M_2$ 的右侧。因此国家 2 作为国家 1 的理想贸易伙伴的均衡点将落在它自己的均衡区域最高点的下方（而且看起来好像在下面很远的地方）。要成为国家 1 的理想贸易伙伴，国家 2 必须放弃它的一些甚至很可能是大量的最大可能收入。

第三个现象产生于前一部分的分析中。正如从直观上看是合理的那样，当一国成为某种商品的唯一生产者，在其他条件相同的情况下，该种商品生产率的增长将总是令该国和与之贸易的国家受益。随后，要成为一个理想贸易伙伴，国家 2 必须在它生产的少数产业中都达到最优生产率。这看起来也是可信的。如果日本的石油全部是进口的，那么显然石油供应国尽可能有效、低成本地生产石油将符合日本的利益。

最后我们看到，国家 2 在一种原本不生产的商品中的生产率提高时，情况可能会有所不同。该种产品，比如说商品 I 的生产率数值大幅上升将对国家 1 在该产业的地位构成很大的威胁。这有可能会使国家 2 挤掉国家 1 的部分或所有商品 I 的销售，从而使国家 1 的实际收入下降。这一分析揭示了一国贸易伙伴的生产率提高对该国福利的影响。问题在于，举例来说，一些日本产业的生产率上升是否会威胁西欧和美国的福利。更加仔细的经济分析已经说明这个问题不是是或否那么简单。从表面上看，标准理论似乎声称一国的生产率提高必然对所有国家都有好处。事实上就这种观点来看，世界产出增长和价格下降的好处通常会传给全球，而贸易壁垒是这种好处得以普遍传播的主要障碍之一。我们的分析确实证明，如果国家 1 的贸易伙伴最初生产极少的几种商品，那么该贸易伙伴至少在几个当初不生产的产业中的生产率增长可以使双方共同获益。然而，一旦该贸易伙伴在世界产业中的份额超过使之成为国家 1 的理想贸易伙伴的少量水平，那么国家 2 在其当初没有生产的商品上的生产率进一步提高有可能导致国家 1 的实际收入下降。

在给定世界生产总量可能增长的情况下，国家 2 的生产率提高使国家 1 遭受福利损失的可能性，最初也许令人吃惊。然而，进一步的观察可以使上述结论更加合理。以具有相同规模和相同需求函数的两个国家的线性模型为例，如果国家 1 的一些但不是所有的生产率参数是国家 2 的两倍，而其他参数相等，那么国家 1 有望从贸易中受益，而且其境况将好于自给自足时的境况。但是如果国家 2 的生产率上升到一点，使其参数全部等于国家 1 的值，那么很显然所有的贸易获利都将不复存在。国家 1 将从对它而言比自给自足要好的状态，被推到一个不如自给自足的结果。而正是国家 2 的生产率提高造成国家 1 的福利损失。简而言之，对于一个构成理想贸易伙伴的国家来说，它必须具备三个特征。它必须是少数贸易品的生产者，从而有着相对较低的工资和较小的世界收入比重；在它生产的产品中，它必须是一个最有效率的厂商；最后，它必须是其他所有商品的无效率的生产者，这样才不至于给这些产业带来竞争的威胁。

你可以想出许多低收入的农业国家，它们可能接近一些发达工业化经济的理想贸易伙伴。我们也能够得出理想伙伴国的相对工资水平的上限，至少在两国的劳动力规模和最优生产率相同的情况下可以。当这些条件得到满足时，我们可以利用这种情况允许的收入边界上限的明确的一般等式，并证明两国的工资比例永远不会远低于 3∶1。也就是说，理想贸易伙伴的实际工资水平仅仅稍高于另一国的 1/3 就要受到谴责。显然，从理想贸易伙伴的角度来看，这种状况一点也不理想。

从上述分析中我们还可以得出一个更重要的结论。如果国家 2 的参数值和国家 1 的参数值之间有任何偏离，都必定会损害国家 1 的利益。如果变化了的参数值使国家 2 的实际收入上升，那么它就必然损害国家 1 的利益。同理，如果参数值的变化使国家 2 的实际收入下降，那么它也必定使国家 1 受损。

## 8.6 生产率的演变和跨时均衡模式

线性模型序列的概念可以用来探讨生产率的增长及其后果。为此，我们只需要比较一个线性模型序列，每个模型都比序列中的前一个模型具有更高的生产率参数值。然后，我们可以证明定理 3 从直观上来看是合理的：

**定理 3** （向最优生产率收敛）在一个干中学、技术转移以及不存在知识储备耗减的模型中，国家 J 从事某些产业，所有这些产业的生产率水平都将收敛于该国的最优生产率水平。也就是说，所有生产率水平的轨迹都必定向最优生产率区域移动。

一国生产率的演变路径使我们重新回到前文已经探讨过的一个问题上：一国从其贸易伙伴的生产率提高中获得的利益和遭受的损失。我们已经看到，生产率增长过程对于该过程以外的国家有时有利，有时有害。不过，密歇根大学的弗兰克·斯塔福德（和其他几位合作者一起）用不同的方法分析过这个问题，他们比较深入地考察生产率增长过程对相关产业的影响。简明扼要地重述斯塔福德在研究中得出的某些非常深刻的结论是有益的。

为了便于讨论，我们假定：如果国家1不能和国家2一样低成本地供给商品Ⅰ，那么国家1在商品Ⅰ的生产上就没有竞争力。我们还类似地使用“国家1在商品Ⅰ上有竞争力”和“两国在商品Ⅰ上都有边际竞争力”的说法。通过把变化的生产率参数范围分成三个区域，我们可以轻松地概括出结论：区域一，国家2在商品Ⅰ上没有竞争力；区域二，两国在商品Ⅰ上都有边际竞争力；区域三，国家1在商品Ⅰ上有竞争力。我们的分析将指出，只要两个国家停留在区域一，国家2在商品Ⅰ上的竞争力提高对两个国家的收入都不会有影响。在国家2作为商品Ⅰ的唯一生产者的区域三，国家2生产商品Ⅰ的生产率提高将使两个国家成比例地受益。然而在中间的区域二里，两个国家具有并保持边际竞争力，此时，国家2在商品Ⅰ上的生产率提高将损害国家1而有利于国家2。国家2在该区域里的生产率水平越高，其实际收入就越大，而国家1的实际收入就越小。在此之后，国家2总是免受损害并且通常会从某些产业的平均劳动生产率提高中获得总体上的好处。尽管在某些情况下，上述生产率提高也可能对国家1有利，但在另一些情况下，它对国家1实际收入的影响无疑是不利的。像雅各布·维纳那样精明的贸易理论家绝不会对这一结论感到吃惊，尽管这一结论为许多非专业人士害怕国际贸易冲突提供了一些合理的解释，但是它确实与一些更加不成熟的贸易理论讨论的结论有冲突。

为什么定理3能够成立呢？我们对三个区域的情况有略微不同的解释，而解释两国都具有边际竞争力的中间区域也许是最困难的。相反，论证区域一的结果却很容易。在区域一里，国家2始终都不是商品I的生产者，因为它在商品I中没有竞争力。因此，国家2在商品I中的竞争力提高没有任何影响，因为它在该产业中一直没有任何生产活动。在另一个极端，即区域三里，国家2是商品I的唯一生产者。国家2的生产率提高使商品I的价格在两个国家都稳步下降，因此在既定支出下两国可以消费更多的商品I。同样的情况在两国都生产商品I的第二区域里也成立。

但是为什么当国家2在商品I的生产率提高时，在区域二中，国家1会受损呢？当前一些研究人员给出（1955a）的答案是：原因不在于国家1得到较少的商品I。相反，由于国家1生产用于其消费的部分或全部商品I，而且生产该商品的劳动生产率不变，因此，尽管另一国生产商品I的生产率提高了，但是国家1每小时劳动挣得的收入只够购买和以前一样多的商品I。奇怪的是，国家1之所以遭受一定程度的损失，是因为其他商品的消费下降而不是商品I的消费下降。这种现象确实存在于如下两种情况中。第一种情况是，尽管国家2在商品I上的生产率提高了，但是它仍然是商品I以外的商品的唯一生产者。由于生产率上升导致国家 2 的工资上升，因此国家 1 进口的那些商品将变得更加昂贵。这一价格上升并没有损害国家 2 的福利，因为其工资上升提供了额外的购买力，从而抵消了价格上升。可是，国家 1 却没有这样的工资上升来抵消价格上升，所以它从国家 2 买进的商品的价格上升降低了其实际国民收入，但没有降低国家 2 的国民收入。第二种情况涉及从国家 1 转移到国家 2 的商品，因为国家 1 的工资上升使它在那些商品中没有竞争力。矛盾的是，国家 1 也会在它变得有竞争力的商品消费中处于劣势。要发现原因并不困难。设想一个商品 $I^*$，它以前是由国家 2 以 5 美元的价格单独生产的。假设国家 1 本来可以以 6 美元的价格生产商品 $I^*$。国家 2 在商品 I 上的生产率上升导致工资水平的上升，这使商品 $I^*$ 在该国的生产成本提高到 6.25 美元，因此国家 2 在商品 $I^*$ 的生产中变得没有竞争力。一单位商品 $I^*$ 在国家 1 的成本因此从我们假设的 5 美元上升到 6 美元，这并没有像国家 2 那样抵消国家 1 的工资上升。在国家 2，如果它继续生产商品 $I^*$，工资抵消甚至比以前还有效。这是因为商品 $I^*$ 的生产转移到国家 1 将价格上升限制在 6 美元，比让它一直上升到 6.25 美元要好得多，因为如果国家 2 继续留在商品 $I^*$ 的生产中，则该商品的价格就会上升到 6.25 美元。

总之，我们看到国家 2 在商品 I 上的生产率上升怎样通过更充足的商品 I 和至少与其他商品价格上升同步的工资增长而使国家受益。但是在这种情况下，尽管任何产业都可能从国家2转向国家1，但是后者仍然蒙受损失，因为国家2的价格增加了国家1的进口成本，而国家1又没有出现抵消这一变化的购买力上升。

然而对这些结果的解释必须谨慎。首先，人们的讨论没有考虑分析的前提条件，即每个生产率都有上限；其次，国家2在商品Ⅰ上的生产率增长可能跨越几个区域。例如，它可能使国家1在商品Ⅰ中有边际竞争力（区域二）进入一个在商品Ⅰ中没有竞争力的状态（区域三）。当两国都在区域二时，国家1将从国家2的生产率提高中受损。但是当达到区域三时，国家2在商品Ⅰ上的生产率进一步上升将有利于国家1。因此，国家1从整个变化中得到的净收益或者遭受的净损失不能笼统地用本节的分析来确定。只有我们的基本图形，例如上一节使用的图形，才能对一国贸易伙伴的生产率上升（以及由此导致的世界收入份额的增加）对该国福利的影响提供一个明确而又一般性的评价。

# 第九章
## 三国模型及其他复杂状况

正如任何简化的理论结构一样，我们目前为止描述的模型与现实中观察到的情况有很大不同。然而如果一个模型是有用的，我们可以改变和调整这些特征，同时又不会削弱原始的、更简化模型的重要结论。在这一章中，我们将着手完成这一任务。

首先，在我们的讨论中，最明显的例子就是假设世界只有两个国家。其次，在我们的讨论中，假定的稳定均衡趋向于完全专业化分工，即每种商品只在一个国家生产。再次，在我们的图中，左右两端存在着明显不现实的情况，在那里，一个或者另一个国家发现自己被排斥在世界上几乎所有的产业之外。这些现象在现实世界里都不是普遍存在的。如果有的话，也仅仅是极少数广泛使用的产品只来自一个国家，甚至在有明显规模经济的产品中也是如此。进一步说，所有的国家都生产许多产品和服务，即使是人均收入最低的国家，亦然。

我们可以调整模型，以消除这三个不现实的特征。我们将清楚地说明：如何处理三国模型，而且通过举一反三，我们可以分析三国以上的贸易。其他两个反常情况都具有目前为止描述过的模型的两个不现实特征。很容易修正这些为临时性和简化分析而采用的特征，而且在得到修正后，上述特殊性就会消失。两个过于简单的假设都和规模经济有关。

首先，到目前为止，我们已经假设，每一种世界产品都是在规模经济下生产的。其次，我们假设无论一种商品的产量有多大，规模经济永远不会耗尽。也就是说，我们假设任何商品的产量越大，它就总是会变得越便宜，而且从生产效率的观点来看，不存在某一产业的规模也许过大的可能性。两种前提假设显然都需要修正。许多商品都在收益递减的条件下生产，至少在超过一些相对较低的产出后收益是递减的。同时正如我们将看到的，在我们的分析中，对任何国家，即使是那些最不发达的国家来说，当它们的相对收入进一步下降，也就是说当一国接近图中该国世界收入份额为零的纵轴时，都没有理由被逐出该产业。另外，如果大量产业而不是所有产业存在规模经济，那么，就会存在这样一点，在该点上进一步扩张不能产生额外的效率提高，因此在超过该点后，总成本要么在产出扩张时同比例上升，要么比产出扩张更快地上升。这意味着均衡倾向于以任何商品只有相对较少的生产者为特征，但通常不是只有一个生产者。

我们将继续探讨其他几个现实的特征：非贸易品和一个既包括线性生产又包括保留产业的世界。事实证明这些复杂的情况都没有从根本上影响我们的主要结论。

## 9.1　三国模型图表

正如在许多国际贸易文献中看到的那样，到目前为止，我们的分析一直在两国模型的辅助下进行。但是众所周知，从仅仅包括两个国家、两种商品或其他形式的两个关键实体的模型中获得的结论在关键主体的数量增加到三个或者更多的时候并不总是成立（例如，参见 Dixit and Norman，1980，第 8 页，仅仅作为该书中给出的大量例证之一）。不过，我们将在本章继续以图形的方式说明，尽管经过一些更清晰的修正，但我们的主要定性结果在三国世界里仍然具有说服力。这一论证同时也表明，即使模型纳入三个以上的贸易国家，我们的分析仍然基本有效。

图 9.1 就是一个三国模型的世界收入上边界和国家 1 的收入上边界的三维演示。图中相关的平面类似于两国模型

中的世界收入边界和国家1的收入边界。现在有三个原点，在每一个原点上都有两个国家的份额为零，而第三个国家J的份额是 $Z_j=1$，而且在每个原点上都有三条坐标轴，每一条对应两个国家，而余下的第三国的份额为零。因此图中前面一角的坐标为（0，1，0），意味着在这一点上国家1和3在世界收入中的份额为零，而国家2占世界收入的100%。从这一点向右的坐标轴最后落在点（0，0，1），这里国家1仍然是零份额，标志着这是 $Z_1=0$ 轴。图的底面构成一个等边三角形，而且其中的任何一点代表了世界收入在三个国家间的分配，任何一点的坐标值表示三个国家的份额，而国家J的份额用该点到 $Z_j=0$ 轴的线段的长度来表示，线段与 $Z_j=0$ 轴垂直。

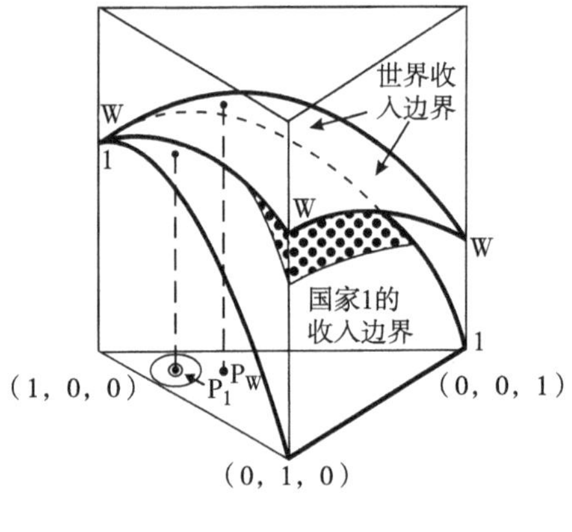


**图9.1　三国情形（I）**

图中的纵轴代表绝对收入，世界高收入边界呈山形，用WWW表示。国家1的平面在世界边界之下，和前面一样来自后者，我们可以通过表达式 $Y_1=Z_1Y_W$ 从世界收入边界中得出国家1的平面，其中 $Y_W$ 和 $Y_1$ 分别代表任意给定份额下的世界绝对收入和国家1的收入。也就是说，在图的底面选定任意一点P，在P点之上的两个平面的高度，就是世界绝对收入和国家1的收入（$Y_W$ 和 $Y_1$）。特别需要指出的是，$P_W$ 和 $P_1$ 分别对应两个平面的最高点。和前面一样，如果这些平面是可微的和凹状的，$P_1$ 必然落在比 $P_W$ 离点（1，0，0）更近的位置，因为，在 $P_W$ 点（$Y_W$ 对任何一国收入份额的偏导数必定为零）对 $Z_1$ 求导，我们一定有 $Y'_1=Z_1Y'_W+Y_W=Y_W>0$。

图9.2是电脑生成的某一特殊模型的图示，图中给出三个国家的收入上边界。

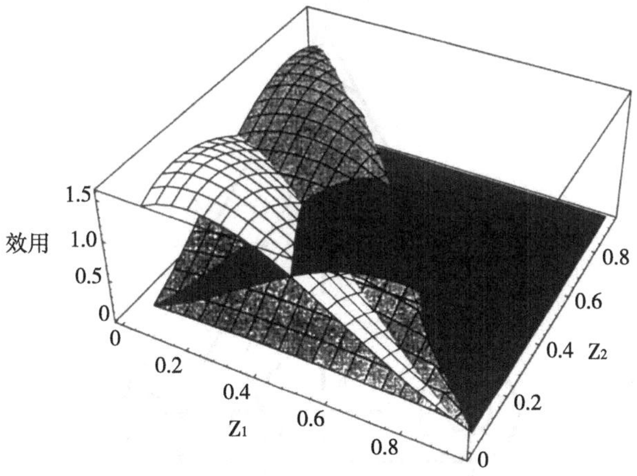


**图9.2　三国情形（Ⅱ）**

## 9.2　完全冲突、完全互利和多种的可能性区域

图9.3是以图9.1为基础的三个国家的投影。在这个三国模型中我们可以看到，相关图形的平面投影是一个各边都等于1的等边三角形。它对应着两国图形中的横轴。点$P_1$、$P_2$、$P_3$是三个国家收入最高点的映射，而围绕那些点的曲线是等国民收入（等高）曲线。为了简化讨论，我们假设图形是完全对称的，而且三个国家中每一个国家的最高点都恰好落在相对于其相邻原点（点R，B，T）的相同位置上。围绕三个最高点的等收入曲线，为了简化起见，也被画成圆形。

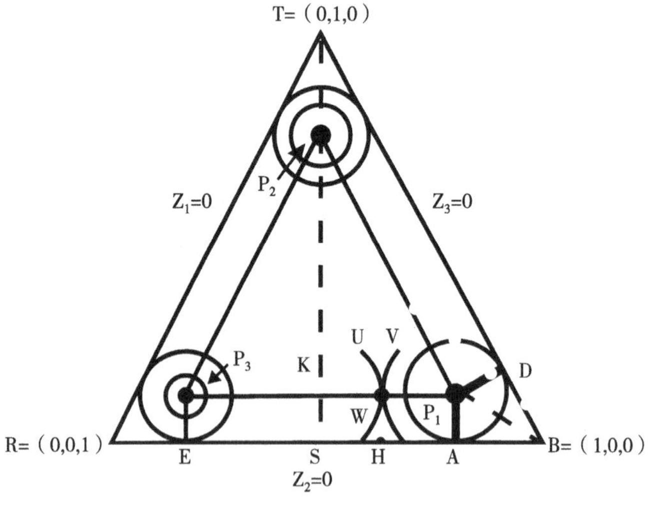


图9.3　三国均衡的投影图

就冲突区和互利区而言，我们会看到，现在的情况要比两国模型复杂得多。因为存在着一些区域，在这些区域内，均衡的移动有可能要么有利于，要么损害部分或全部国家，我们把这些区域归结为三种：完全冲突区域，完全互利区域和多重可能性区域。在后面的分析中，为简化起见，“完全”这一说法将在我们讨论冲突区和互利区时被省略，但是我们要始终记住“完全”这个形容词。我们还将在图9.3中说明冲突区是三国收入最高点组成的小三角形内部区域。我们尤其要看到：

**命题1**　在冲突区内移动总会使某些国家受损。从这个三角形内部的任意一点移向另一点都必定损害至少一个国家的利益。

这一结论很明显，因为任何这样的步骤都必然会使均衡点离内三角的一个角更远。因此，这种情形必将对收入顶点落在该角上的国家造成收入下降。

对于任意两个国家来说，冲突区是对应轴的一部分。以国家1和国家3之间的贸易为例，在国家2完全被排除在贸易之外时，冲突区就是横轴的一部分EA，它在内三角形的正下方。如果我们用r表示EA的长度，由于横轴的长度是RB=1，在两国模型中，冲突区域的比例变成EA/RB=r。三国模型中的对应值就是两个三角形面积的比例，$P_1P_2P_3$

的面积/RBT 的面积 = $r^2$。由于 $r < 1$，因此在三国模型中，完全冲突区要相对小于两国模型中的冲突区。

尽管在两国模型中，我们只有冲突区和互利区，现在我们却有了数量更大、品种类更多的可能性。而且，对其余区域的解释在三国模型中也变得更加复杂。此时，从任意一点出发，通常会存在有利于所有三个国家的移动，但是也可能存在损害任何一个、两个甚至所有三个国家的移动。从这样一点进行的互利移动可能也要求一国家放弃一些产业部门给其他两国（比如 $ABDP_1$ 那样的区域），或者其中两个国家放弃一些产业部门给第三国，正如 $EAP_1P_3$ 那样的区域。我们现在转向这些论断的解释。我们将分析像 AB-$DP_1$ 那样的三个四边形区域，它们包括了一个表示互利区的大三角形的顶角。与此相反，三个矩形区域，比如 $EAP_1P_3$，将被看作多重可能的区域，这是我们下一节将要解释的概念。

## 9.3　子区域的解释和大小

三角形 RBT 的面积是由它的两个性质决定的：它是一个边长为 1 的等边三角形。[它的面积是 ST 和 RB 的乘积的一半，因为 RB = 1，所以乘积就等于 ST 长度的 1/2。但是 $ST = (BT^2 - SB^2)^{1/2} = (1 - 0.25)^{1/2}$，大约等于 0.89。所以那个正三角形的面积就大约是该值的一半，即 0.445。但是该数字对于我们的分析意义不是很大。］那个更小的内三角形也是等边的，每条边的长度是 r，因此垂直线段 $KP_2$ 的长度就是 rST，这样内三角形的面积很显然就等于 $r^2$ 乘以更大的三角形的面积。① 由于 $r^2 < r$，因此，三国模型中冲突区占总区域的比例要小于两国模型的情形。

接下来我们要证明其他区域也很像刚刚描述过的情况。我们已经假设国家 1 的等收入曲线是以国家 1 的收入最高点为圆心的一个圆。由该收入最高点产生的互利区包括了四边形 $ABDP_1$，以及与其他两国的收入最高点相对应的两个对应四边形。这几个区域可以被解释为互利区，是因为比如在 $ABDP_1$ 区域的任意一点（与两国模型中的互利区相似），当国家 1 从收入最高点向大三角形的顶角 B 移动因而使其占世界收入的份额从 $Z_1$ 增加到 1 时，所有三个国家的收入都将呈下降趋势。反过来看，在这个区域里，从接近三角形顶角 B 的一点开始，国家 1 的获益总是通过向上和向左移动、以最短的途径达到收入最高点 $P_1$ 来实现，并因此增加其他两国的份额而有

① 一个类似的论点也适用于完全合作的区域。它也很容易扩展到 n 个国家的情形，在那里，基于同样的原因，这两个区域的相对体积被乘以 $r^n$，其中 $r < 1$。这实质上构成了第二个命题的逻辑基础。

利于它们以及自己。

在矩形 $EAP_1P_3$ 中，情况就不同了。由于任何一个国家的等收入曲线都是同心圆，因此线段 $P_3P_1$ 就是国家 1 和国家 3 的等收入曲线切点的集合。结果是在这条线段下面的任何一点都将由两条这样的切线包围。例如，点 H 是由相切于 W 点的两条曲线 U（国家 3）和 V（国家 1）包围的。这就是说从 H 到 W 的移动必然会对三个国家都有利。但是这样的移动是以其他两国给了国家 2 更多的产业为代价的。换言之，这样的一个互利移动可能要求发达国家 1 和国家 3 的政策合作，让它们同意放弃一些产业部门给欠发达国家 2。

更重要的是，运用图形我们可以很容易地证明，从矩形中 H 上边的任意一点出发，存在如下三种移动：损害任何预选国家的移动，损害三个国家中任何两个国家的移动，以及有损于三个国家的移动（直接向下）。我们因此将三个像 $EAP_1P_3$ 这样的矩形区域称为多重可能性区域。

为了得出三个互利区之一的 $ABDP_1$ 区域的大小，我们要注意到，它由两个全等的三个角分别为 30°、60°、90°的三角形 $ABP_1$ 和 $DBP_1$ 组成。之所以这样是因为 A 和 D 是直角，而 B 是一个 60°角。为了与两国模型相一致，我们设 $AB = 0.5\ (1-r) = DB$，$s = 0.5(1-r)$。对于一个两国模型，

互利区域的比例是 $1-r=1s$。对于三国模型来说，首先要注意，30°角 $DBP_1$ 的正切值是0.58。因此我们有 $DP_1=0.58s$，这一互利区的面积是三角形 $DBP_1$ 的2倍，或者说 $0.58s^2$。与每个国家的收入最高点相邻的三个互利区顶角的总面积大约是 $1.73s^2$，并且它们在整个三角形RBT面积中的比例大约是 $s^2(1.73/0.445)=3.9s^2$。因为 $s\leqslant 0.5$，两国互利区的规模2s不会超过整数1（而且s远远小于0.5），我们就有 $s^2(3.9)<2s$；也就是说，在三国模型中，顶角形互利区占整个均衡区域的比例必然小于两国模型的情形（而且假定是小得多）。

我们也注意到，由于 $\tan 30=0.58$，因此 $P_1B$ 必然近乎2倍于 $P_1D=AP_1$。但是从 $P_1$ 到D的移动将使国家3的收入份额下降到零，而从 $P_1$ 到A的移动必定使国家2和国家3的收入份额都下降到零。这意味着，后一个移动（两国剥夺）将比前一个移动（一国剥夺）给国家1带来更大的收入损失（向更低的等收入曲线移动）。至此，我们完成了对三国模型的讨论。

## 9.4　保留产业与线性生产产业的结合

在第三章中，我们将贸易世界的模型完全定位于保留产业。在第四章中，利用我们研究了生产是线性的而且通过生产率提高必需的技能获得来改变生产率的非保留产业。出于简化分析的考虑，我们在上述两章中都描述了一个非混合的模型。在其中的一种情况下，所有产业都被假定为可保留产业，而在另一种情况下，所有产业都是线性的，而且有多种生产率水平。这里我们将把二者结合在一起，就像实际生活中一样，一些产业是保留性的，而另一些不是。混合模型与更简单的非混合模型有着很大的相似性，因为我们在两种情况下得出的结论很接近。如果一些进入国际贸易的产业部门是可保留的，同时其他产业有一系列不同的生产率水平，我们就得到与前面基本相同的图形。即使有些差异，但是这些差异也不会影响我们的经济结论。

更具体地说，我们将会发现均衡区域的上边界依然有其独特的形状，即只有一个顶点的山形区域。我们可以看到，尽管所得到的边界与那些更简单的模型有所不同，但是对我们的经济结论至关重要的那部分却没有不同。上边界是相同的，尽管下边界不一样。而且正是那些上边界的形状决定了两种贸易模式的最优结果之间的冲突。英国达到收入最高点的结果仍然不利于法国，而法国达到收入最高点也仍然对英国不利。新的下边界不会影响这一结果。

## 9.5　遵循收益递减的有固定生产率系数的商品

我们可以找到两个明确的理由，来解释为什么即使是很贫穷的、只占世界 GDP 很小份额的国家也会生产相当多类型的商品，这不同于我们在最简化的模型中表达的含义。首先，有许多种商品，尤其是个人服务，完全不参与国际贸易，或者其中相当大一部分只为国内消费而生产。理发就是大家频繁使用的例证。我们将在 9.12 节中探讨这些非贸易品。

除了暂时忽略非贸易品外，我们的模型到目前为止已经以一种特殊的方式讨论了规模收益递减或者规模收益不变的商品。迄今为止，我们已经研究了在一个由此类商品组成的世界中，均衡是怎样随着生产率的增长而变化的。现在，我们将简单考察一下，当这样的商品，比如规模经济的商品，在我们研究的时期内具有不变的生产率水平，同时经济中包含两类商品——规模经济产品和规模不经济产品时，我们的结论将会如何。由于真实的世界确实包括两种情形，因此将这些收益递减的商品和服务纳入我们的模型显然是合理的，而且做起来也不太困难。但是在我们说明应该如何去做以及如何描述修正模型带来的影响之前，必须简要了解收益递减的几个重要而又众所周知的特征。

## 众多竞争性的小厂商

一个收益递减的产业特征是存在相互之间直接竞争的大量小厂商。在这样的产业中，小的是经济的而大的意味着成本高昂，竞争性的市场力量将阻止任何公司成长壮大。基于同样的原因，该产业的产品也通常在许多国家同时生产。举例来说，哪个经济是完全没有农业部门的经济呢？

## 发达经济和欠发达国家之间的不对称竞争

不对称性意味着收益递减，即使所有拥有可观规模经济的产业都被十几个先进的工业化国家占有，其他的国家仍然能够从事那些规模不经济或者规模收益不变的产业。然而，欠发达国家通常会发现并不只有他们从事这些产业的生产。只要工业化国家的先进技术能抵消其较高的工资，工业化国家作为收益递减产品的提供者，将不会必然遭受比任何其他国家更大的损害。在与许多欠发达国家的竞争中，美国一直是世界领先的农业生产国之一。换言之，美国在大型客机制造方面没有面对来自欠发达国家的竞争，而那些欠发达国家却不断地在农作物市场上遭遇来自美国农民的竞争。

### 等边际成本比例

最后，将人们熟知的收益递减的含义纳入我们的分析非常关键。基本经济理论告诉我们，在竞争市场上如果两种商品，比如说A和B，由X和Y两个生产者同时提供，那么在均衡状态下厂商X生产两种商品的边际成本比例必然等于厂商Y的相应比例，而且两者必然等于两种商品的市场价格之比。事实上，只要一个厂商小到对世界价格没有任何影响，我们就一定能够得出：在一个稳定的均衡中，任何由两国同时生产的商品必然在两个国家具有相同的边际成本，而且那个共同的边际成本也一定等于该商品的国际价格（两个国家的货币用同一单位表示，即在现行汇率下以美元表示）。

## 9.6　将规模收益递减商品纳入分析的方法和结论

我们也将分析扩展到如下情形，一些产业在规模经济下运行，而其他产业在规模不经济的情况下运行。大体上讲，在计算过程中，我们首先要将规模经济和不经济的产业区分开来。规模经济已经在第二章和第三章中分析过。可是，规模不经济产业由于通常需要两个国家同时生产，所以要满足这样的约束条件：在均衡中，同时由国家1和国家2生产的任何商品的边际成本都必须相等。作为一个例子，让我们说明现在如何根据对应于图中横轴上任何给定的一点，找出国家1的均衡区域上边界上的点。为此，我们需要使国家1的国民收入最大化的线性规划，像以前那样，这样的线性规划仍然以均衡的一般条件为约束条件，但同时又增加了另一个约束条件：两国生产任何一种收益递减商品的边际成本必须相等。

这一分析得出的一般结论①在图9.4a～图9.4d的四个图形中可以看出，同时与图3.2的基本图形形成对比。图3.2的两端描绘了在本章开头回顾过的极端情形。在任何一条纵轴的附近，其中一个国家被排除在大多数贸易活动之外，而另外一个国家几乎吸纳了每一种产品。与此相比，图9.4a～图9.4d体现了从一个大的均衡区域向一点的稳定收敛。尽管在基本的图形中所有产品都是以规模经济为特征的，而在新的系列图中，收益递减产品的比例从25%（在图9.4a中）相继上升到后面各图的50%、75%，直到最后的95%。在所有的这些新图当中，即使到最后，国民收入边界依然保留着其独特的山形，并且在每个图的中心区域，一国的收益倾向于以另一国的牺牲为代价。但是，当规模不经济逐渐在世界经济中占据主导地位时，边界延伸的水平区域变得越来越狭

① Gomory和Baumol（1992）提供了这一分析的某些细节。

窄，同时国民收入数值延伸的垂直范围也将缩减。最后，当整个世界只投入规模不经济产品的生产时，两个经济的边界汇集到一个共同点上。这一点对应于描述收益递减或收益不变世界的古典国际贸易模型中的李嘉图均衡点，这使我们的分析与古典分析完美地契合。

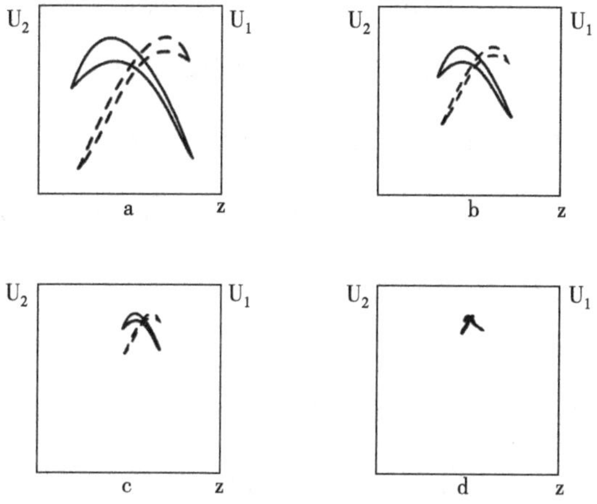


**图 9.4　收益递减产业的份额增长时，均衡区域的缩减**

那么，均衡区域缩减的现象为什么会产生呢？答案是一目了然的。一个国家可以为自己获取世界上所有或者近乎所有的规模经济产业，而将另一个国家逐出这些活动领域。不过，正如我们看到的，一国不能以同样的方式将另一国排挤在某一收益递减商品的生产之外。即使是贫穷的国家也可以保留这些商品的生产地位，这一事实为贫穷国家的相对收入设置了一个底线，即它的相对收入不可能为零。这就使任何均衡不会接近于图的左端（在前几章中，我们曾以英国和法国为例展开我们的分析，如果考虑这两个国家，在图的左端，英国的相对收入接近于零），而且对于非常接近图右端的点也是一样的，在那里法国的相对收入近似于零。这就立刻引起均衡区域从图形边缘向中心区域的收缩。而且我们可以很明显地看到，为什么规模经济产品在世界产出之中的份额越小，这种收缩就越大：当这样的产品收缩很小的时候，任何国家可能被排除出去的产业的比例就相应缩减，它的最小相对收入就因而变得更大。显然，每个国家相对收入的较大最小值意味着均衡区域必然远离图中的左端或者右端。

当收益递减的产品接近世界产出的100%时，均衡区域向一个点收敛的原因也不难看到。当所有的产品都合乎收益递减的条件时，所有的国家都能够占有每种商品生产的一定比例。因而竞争是普遍存在的，而且不受启动成本的限制，收益递减的特点还意味着以较小规模进入任何产业是成本优势而不是障碍。结果就是任何低效率或者未能最有效地服务客户偏好的生产分工都不会持久。这样的分工将诱使那些比在位厂商能更有效地生产，或者能更好地满足客户偏好的厂商进入某一产业。因此，在普遍存在收益递减的世界里，只有一种均衡成为可能。这种均衡被古典经济学奉为完全竞争制度的最优结果，正是这种均衡在已知收入分配和可得资源有限，以及技术知识既定的约束条件下，使总福利最大化。

## 9.7 极端情形：某一商品有许多生产者或者只有一个生产者的情形

我们现在已经考察了生产一种特定商品的国家数量的两种极端情况。在一个极端，即在普遍存在规模经济的情形中，任何一种世界需求非常大的商品都由许多个国家生产。我们刚刚讨论过其产生的原因，而且事实上，我们在现实生活中可以遇到许多实例。布匹、鞋子、谷物以及许多其他类似商品的生产都广泛地分布在世界许多国家。

前几章我们集中讨论了另外一个极端情况，即不管某种产品的产量如何，规模经济一直普遍存在且相当大，但生产该商品的国家只有一个。两国生产同一种商品的任何分工都具有内在的不稳定性。现在借助本章前面所述的边际成本相等的假设条件，我们就可以很容易地看到这一点。在一种商品由两个国家共同生产的任何均衡之中，这两个国家生产该商品的边际成本将是相等的。这个结论的论证甚至在规模经济下仍然适用。[①] 在该情况下，如果任一生产

① 文中的分析可以很容易地推广到几个大生产者的情形。在那里我们可以看到，某种同质商品产量增加带来的边际收入对所有生产者来说都是相等的。由于利润最大化要求每个生产者的边际成本等于它的边际收入，因此，在这里我们就可以推出所有生产者生产某一给定商品的边际成本在均衡中相等。

者碰巧哪怕是略微扩大了它的产出，其边际成本将降低到其竞争对手以下。这一竞争性优势将使产量碰巧扩张的生产者进一步扩大产量，每一步这样的移动都会增加其竞争优势，直到最后对手被彻底驱除出该商品的生产。① 从本质上讲，这就是为什么在规模经济不受产业范围限制而普遍存在的理论情形中我们不仅可以看到一些稳定的完全专业化分工均衡，而且稳定性也要求所有可能的均衡都是完全专业化分工的。

在此，至关重要的规模经济持续性假设，即规模经济必须来自商品Ⅰ的产出扩大，无论商品Ⅰ最初的产量是否刚好相对很小、中等或者非常大。无论商品Ⅰ的一个供应商是否每年恰好将生产十单位、一万单位或者百万单位的产出，对完全专业化分工来说，关键的是假设不管产量的进一步扩张是大是小，它都必将带来边际成本或平均成本的下降。在相关的产量范围内必然不会有这样一点，在该点上商品的生产商将用掉所有可以进一步获得规模经济的机会。

---

① 在此，第二个保留是重要的。如果模型中的产业数目非常小，国家1扩展产业Ⅰ将会提高该国的工资，以此抵消来自规模经济的成本下降，而在国家2，其商品Ⅰ的产出下降有可能导致相反的情况。然而，很明显，当商品Ⅰ在一国所有商品总产出中只占有很小份额的时候，商品Ⅰ的生产变化将对该国的总工资率产生的影响微不足道，所以第二个保留并不重要。

## 9.8　有极限的规模经济和一种商品的多个生产者

实证以及非正式的观察证明现实并非全然如此。很少有需求很大的商品，如果有的话，仅仅由一国生产。很少有商品，如果有的话，受益于超出一定产量后仍未被耗尽的规模经济。确实，实证分析表明规模经济并不少见（例如，参见 Nadiri 和 Banani，1999，尤其是表 3，第 30—31 页）。但是有关特定产业的研究认为，现有产出水平下的规模经济并不能使我们得出如下结论，即所有的产量进一步扩张将继续产生额外的经济效益。

和有经验的商人进行讨论表明，与没有极限的规模经济大相径庭的模式更加普遍。基于其经验，他们已经认识到，产量扩张最初确实能够节省大量成本。然而超过某一点以后，产量的进一步扩张将或多或少地带来成本的上升。这种观点经常使试图估计公司成本函数的商业统计学家特别强调在初始规模经济之后将伴随着一个边际成本不变的线性生产函数。

实证分析似乎符合如下假设，即上述成本模式是普遍存在的。许多研究都证实了这种现象。在这些文献中，它通常被称为平底平均成本曲线（flat-bottomed average cost curve）。平底平均成本是这样一条平均成本曲线（图 9.5），当产量上升时，平均成本最初可能迅速下降；可是最终，在向曲线右端移动时，平均成本将上升，因为过大的规模带来官僚主义、沟通问题、私人接触的缺少等弊病。在这样一种情况下，两者中间有一个（假设相当大的）产量范围使平均成本平行于横轴，既不随产出扩展上升，也不随产出扩展下降。这是一个规模经济有限的生产活动。

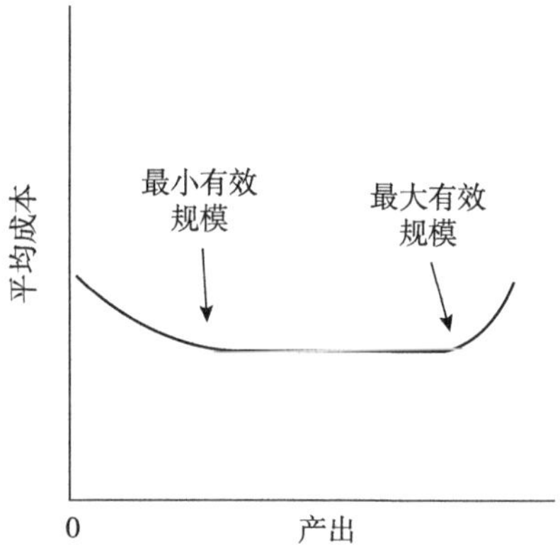


**图 9.5　平底平均成本曲线**

在这里，平底平均成本曲线的重要性在于，它们导致几个厂商供给某种商品的特有均衡。事实上，我们不仅可以轻松地说明为什么会这样，同时还能指出可能决定该种商品厂商数量的成本影响。不过有一点应该已经很清楚，那就是在平均成本曲线平底的地方，导致完全专业化分工的力量被削弱了。只要该产品的需求数量允许几个供给商充分利用可能的规模经济，也就是说，如果每个生产者能够进行足够的生产，而且以平均成本曲线的平坦部分结束，那么它们中将没有一个能够通过产出扩展来获得任何超越他人的优势。简而言之，只要它们都在曲线的平底部分生产，该种商品的几个生产者可以同时获利共存。我们可以更多地了解由此导致的多个生产者的均衡。

## 9.9　具有平底平均成本曲线商品的生产者的有效数量

我们已经注意到，竞争性的市场力量能够驱使经济走向有效率的分工，尽管我们也看到，只要存在规模经济，稳定然而无效的可能均衡不仅是可能的，甚至还很普遍。可是眼下也许有用的是，忽略这一现象而考虑如下问题，即有效地生产一种具有平底平均成本曲线的商品所需的生产者数量。

这一数量取决于三个条件：平底平均成本上下限的位置和世界市场上购买该种商品的总量。平均成本曲线平底部分的下限指的是一个生产者的最小有效规模。它是生产者的平均成本下降到最低可能水平时的最小产量水平，也就是规模经济被耗尽时的产出。类似地，我们可以把平底部分的最大产出看作生产者的最大有效规模。

现在假设一种特定商品的每个生产者都将在其最小有效规模下生产。那么该商品的世界总产出显然将等于最小有效规模乘以生产者的数目。因此，在供求相等的条件下，我们必然得出：

$$生产者的数量（最小数量）=\frac{商品的总购买量}{最小有效规模}$$

这种直观的结果告诉我们，假定其中的每一个生产者都在最小有效规模下生产，则商品的需求量越大，为满足需求需要的生产者数量就越多。

如果生产者各自提供等于最大规模的产出数量，那么完全相同的推理也同样适用：

$$生产者的数量（最大数量）=\frac{商品的总购买量}{最大有效规模}$$

给定购买的数量，当生产者全都在最大有效规模下运行时，市场显然只能容纳比最小规模下更少的生产者。因为如果每个生产者生产更多的数量，提供既定总购买量所需的生产者就更少。

我们由此可以得出结论，当每个厂商都在最大有效规模下生产时，能够生产既定世界购买量的生产者的数量最小，而生产者的最大有效数目与每个供给者在最小有效规模下生产的情形相对应。然而，当一些生产者在最小有效规模下、一些生产者在最大有效规模下，还有一些生产者在二者之间提供产出时，也能够获得效率。

此时，效率显然将得到保持，因为每个生产者将仍然在平均成本曲线的平底部分的某处运行，而且满足世界需求所需的生产者数量也将居于前述的两种极端情况之间。也就是说，效率要求生产者的数量介于最小和最大数量之间。①

我们现在可以很容易看到，如果市场力量使世界经济走向有效率的均衡，将会出现什么样的情况。在那种情况下，如果生产一种商品的国家数量低于它的最大值，那么另一个国家就有机会在不替代别国的情况下进入。为使其进入尝试获得成功，进入国将不得不至少在最小有效规模下生产。它的成功进入将使一部分或者所有在位者的销售下降，但是它不会排挤掉其中任何一个在位者。与此相反，如果生产者的数量已经达到最大值，那么一个以前未曾涉足该领域的国家作为成功的进入者，将意味着一些现有的生产者会难以维持其在该领域内的现有地位。因为它的销售将被挤压到最小有效规模之下，从而不得不使定价高于市场水平以弥补其成本，并因此丧失竞争力。

① 总购买与最小或者最大有效规模之间的比率不是整数的时候，分析需要做微小的调整。关于每个生产者提供多种产品的有效厂商数量决定的详细分析和扩展，参见 Baumol、Panzar 和 Willig（1988，第二章和第五章）。

## 9.10 具有平底平均成本曲线的市场的一般特征

平底平均成本曲线的几个特征可以很容易被观察到。首先，正如已经提到的那样，除非对于商品的需求非常有限，否则该商品是由几个生产商同时生产的。第二，即使在这里，一个原本没有生产该商品的国家将发现进入是很困难的，因为进入的成功要求生产从一开始就至少要达到最小有效规模。第三，进入这样一个产业事实上是可能的，而且一旦成功进入，新的生产者就有一定的信心，它相信要想取代它的新位置将不是一件容易的事。换句话说，这样的产业具有保留性。第四，即便是商品生产者的数量最初小于最大值，要进入也必将以在位者的牺牲为代价，这些在位者将发现它们最终会丧失一部分销售量。换言之，进入本身就是一种直接的竞争行为。最后，如果生产者的数量一开始就达到最大值，那么进入过程的竞争特性将采取最激烈和最明显的形式，最终一个进入者的成功必定会挤走一个在位者。

## 9.11 产业分割

第三章中对于保留产业模型的分析强调了最易于分析

的完全专业化分工情形，也就是说，在任何给定产业中只有一个国家是活跃的生产者的情形。但是我们也声明过，我们关于国际贸易中存在冲突的结论只有在非专业化分工产业纳入模型时才成立，也就是说，尽管存在很高的进入成本，但是仍然存在多个国家共同从事一个产业的情况。我们现在来看，为什么在模型中纳入多国共享产业并不影响我们在早些时候从更简单的专业化分工产业模型中得出的结论。

为了说明这一点，我们将比较第三章的图形和加入多国共享产业结果的图形。为此，我们设定了一个有 9 个产业的两国模型。把所有的而不只是那些专业化分工的结果都纳入第三章中的保留产业模型，我们就会看到图 9. 6a 和图 9. 6b 所示的效果。在图 9. 6a 中，我们看到 9 个产业模型产生的英国的专业化均衡。上下边界之间的黑点代表 500 多个专业化分工的结果。如果我们现在把所有非专业化均衡的结果都包括进来——也就是说，那些有两个贸易伙伴共享产业的均衡——我们就得到了一个新的均衡结果序列，即图 9. 6b 中的灰点。这些新的多国共享产业的结果要比专业化分工的结果多得多。在这个例子中，有 18000 多个非专业化分工的结果。不过尽管数目众多，它们并没有从根本上改变均衡区域的形状。

图 9. 6b 表明，多国共享产业的大部分结果落在专业化

分工结果里面和周围。纳入这些结果的主要影响只是更充分地填充上下边界曲线之间的区域，但是并不改变它的形状。其余的多国共享产业的结果都落在这个区域之下，而没有在该区域的上面。对于任何给定的英国的份额，这些低位均衡代表着比任何具有相同份额的专业化结果都差的情况。这些结果差强人意，是因为它们包含了很多在国家之间进行分割的产业。在每个分割产业里生产往往成本高昂，因为在每个这样的产业中，没有一个国家能够获得在最大可能规模下运行的成本节省的全部好处。因此，与该产业集中在一个或者另一个国家生产的情况相比，每个这样的产业都在一个成本更加高昂的状况下生产。许多这样的分割产业将会产生一个非常差的结果。

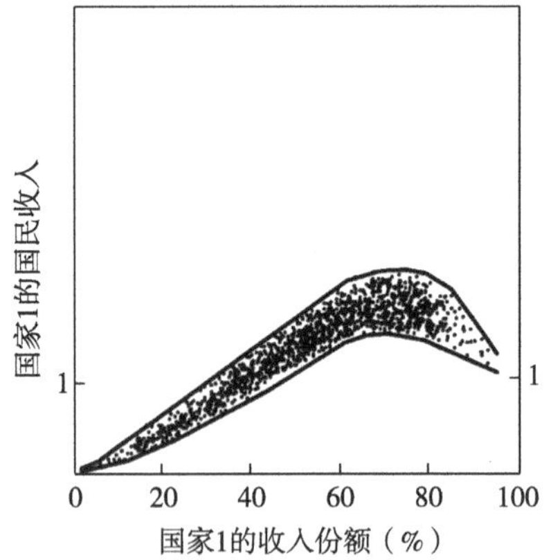


**图 9. 6a　专业化均衡**

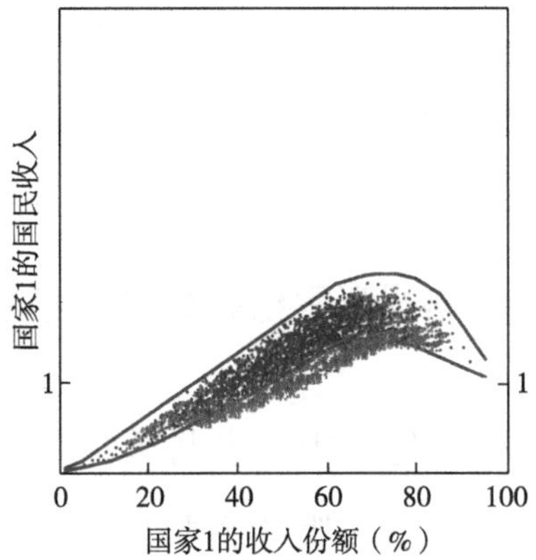


**图 9.6b　专业化均衡和非专业化均衡**

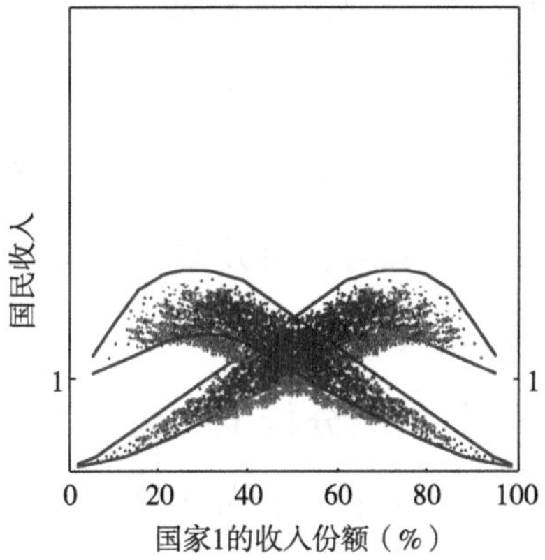


**图 9.6c　有非专业化均衡的两国均衡区域**

在图 9.6c 中，我们给出了两个国家的所有结果。从这个包括多国共享产业结果的典型图形中可以看到，多国共享产业的存在并未改变我们关于国际贸易中存在利益冲突的结论。每个国家的曲线仍然保留着我们熟悉的山形，同时国家 1 山形图顶点仍然是国家 2 的最低点。纳入所有的均衡结果并没有改变我们的基本结论：对一国来说的最佳结果仍然倾向于对另一国不利。

## 9.12 没有参与国际贸易的商品和服务

住宅的建造和销售是很少参与国际贸易的商品和服务的明显例证。这些商品和服务主要是由在每个国家工作的人提供的。这类产品和服务范围庞大，包括健康医疗、交通运输、本地电话服务供应、理发、法律服务，等等，这些经济活动组成一份几乎没有尽头的清单。一个经济体在国内生产几乎所有的这些商品并供国内消费，这就提供了一个很大的、相对稳定的、由几乎完全在境内交易的商品和服务组成的国民收入基础部门。

到目前为止，我们只分析了（国际）贸易部门，这一部门包含那些可能会在国际竞争中获利或受损的产业。我们已经讨论过这样的产业，在这些产业中，一国可以确立起像保留产业的世界供应商那样的地位。或者，在我们的线性生产模型中，一国有可能会将其在一个产业中的地位让给另外一个生产率增长的国家，或者它可以提高自身的能力，并获得原本由别国拥有的某种产品的世界市场。这其中没有一种情形适用于理发或者保健，也不适用于其他任何经济中的非贸易品，所以它们在我们的分析中没有什么意义。

但是，要把非贸易部门纳入我们的模型并非难事，而且在图 9.7 中我们已经对英国这样做了。该图与以前的图形有相同的形状，但是每个均衡点的高度因纳入英国非贸易部门生产的商品而提高了。换句话说，在图 9.7 中，贸易部门对于国民收入的贡献位于非贸易部门之上。我们仍然用横轴表示贸易品的份额。但是现在，如果英国已经在每个贸易产业中失去地位，从而在国际贸易中拥有零份额，它仍然能够依赖在国内生产和消费的所有商品构成的国民收入。我们的曲线有着和前文完全一致的形状。非贸易部门的加入只是简单地使图中的每个点都上升了。

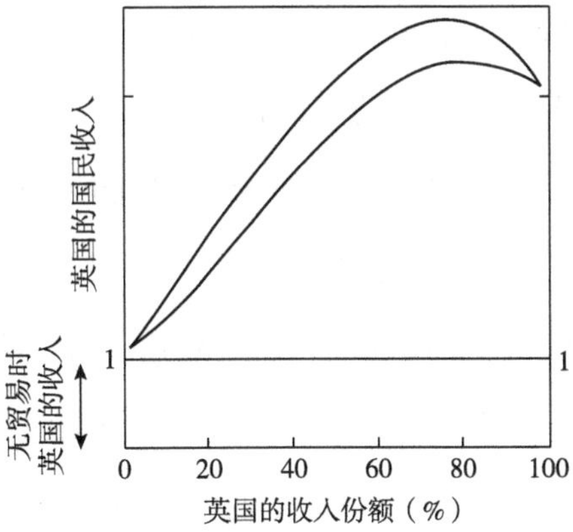


**图 9.7　有非贸易品的均衡区域**

由于曲线的形状没有因为非贸易部门的加入而改变，因此我们关于国际贸易中存在利益冲突的结论也就没有改变。冲突仍然存在，一国的最佳状况仍然有可能是另一国的糟糕结果。现在，由于图形的国际贸易部分加上相对不变的国内生产基础，原本对一国不甚理想的结果现在看起来不太差，因为处于劣势国家的收入得到非贸易部门的支持。类似地，符合一国利益的均衡带来的好处与那些好处较少的均衡并没有太大的不同，因为两种均衡之间的区别只不过反映了基础相当大的内部经济活动的增加。

然而，结果的变化也可能产生很大影响。它们到底有多大取决于经济中贸易部门和非贸易部门的相对规模。国际贸易的波动不能影响一个基于种种原因很少参与国际贸易的国家。但是，在工业化的世界里很少有完全孤立的国家，而且存在着产业国际化不断增强和贸易部门增长的明显趋势，因此我们描述的影响正在稳步增强。

这种趋势的两个明显例证是娱乐产业和工业设计领域。在过去，来自另一个国家的外国戏剧公司或者乐队的到访是一件稀罕、昂贵而又引人注目的事件。今天的电视广播和录制通常可以迅速而且容易地跨越边境。类似地，例如直到最近，工业设计蓝图通常都是在与工程师工作地点相邻近的地方设计出来的。而今天，美国的工程师可以在印度及时得到低成本的设计蓝图。

## 9.13 结 论

在本章中我们已经看到，本书的分析很容易进行修正以便与现实中的各种特征相结合。我们已经将模型拓展到多国情形。在该情况下的确出现一些新的特征，尤其是多种可能性的区域。我们也已看到，随着国家数目的增多，冲突区和互利区相对于总均衡区域的规模都缩小了。但是基本点保持不变：国家间的经济利益存在冲突，尽管相对较富有的国家能够从贫穷国家的收入改善中获益。

我们已经看到如何修正模型中的逻辑，从而能够处理许多规模收益递减商品的存在，以及如何能够将我们的模型与从规模经济中受益的商品结合起来，这些规模经济在达到一定的产出水平之前能带来好处，而在超过一定的产出水平后，规模经济的好处将不复存在。前一种修正引导我们预期一个更小的均衡区域和相当多的国家参与同几类商品的生产。后一种修正也产生了多国同时生产某种商品的可能性，但是看起来，具有有限规模经济的某一特定商品的生产者数量通常要比收益递减商品的生产者数量更少。最后，有限规模经济的情况是从生产某一产品的国家间一定程度的直接竞争为特征的，而在收益递减的情形中，却没有这样的竞争。最初被排除在一种商品生产之外的一个国家，也许可以成功地在一个相当初级的产出规模下开始生产。此外，它很可能使最初参与该商品生产的某个国家被另一国直接取代。这就是非经济学家害怕的事情，即害怕他们的经济中一些产业没有竞争力，导致将这些产业拱手让给外来竞争者。

在本章中，我们也通过在基本模型中加入一些其他的现实元素使之更接近真实世界。首先，我们检验了这样一些模型，它们的结果中包括了一些产业没有专业化分工的均衡。换句话说，我们放弃了每一个产业只在一个国家生产的简化假设，而看到一个现实的世界，在那里即使对于保留产业来说，也存在着部分或者全部产业由多个国家共同生产的结果。然后，我们放宽如下假设，即在这个世界上，所有的商品和服务都必须在国际市场上交易，转而建立了一个包括那些许多从未离开本土的有形和无形商品的模型。最后，我们简要考察了不同于第三章或第四章的情形，第三章假设所有的产业都是保留性的，而第四章假设所有的产业都不是保留性的。我们在分析中纳入一些产业具有高启动成本和规模经济效应而另一些产业则没有的情况。我们得出基本的整体结论是，这些模型的修正没有改变我们关于国际贸易存在固有冲突或者关于互利区的结论。

# 第十章
## 理论探讨的先行者

在那些已经获得一些商业进步的各国政府当中，最常见的就是以疑惧的眼光旁观邻国的进步，将所有的贸易国当作竞争对手，并想当然地认为除非牺牲它们的利益，否则它们的邻国就不可能繁荣富强。与这种狭隘而且恶意的观点相反，我将大胆地断言，财富和商业在任何国家的增长通常有利于而不是有损于其所有邻国的财富和商业；当周边所有的国家都被无知、怠惰和蒙昧困扰的时候，一国很少能够在贸易和工业上走得太远。[大卫·休谟，《贸易的猜忌》，《休谟文选》(1741—1742)]

反对政府支持新兴产业的人主张，工业就其本身来说将自然地尽其所用，尽获其利。由此可以推断，在没有政府扶持的情况下，制造业的发展壮大将像自然状态，以及社区利益要求的那样快。

> 我们可以提出非常合理的理由来反对这一假设……它们包括：习惯以及模仿精神的强大影响；对想要在未曾涉足的领域里获得成功的担心；在将要尝试的商业领域里与那些成功者初次展开竞争面临的固有困难；在面临竞争的各个领域，外国政府向其公民提供津贴、补助以及其他人为的鼓励。（亚历山大·汉密尔顿，《关于制造业的报告》，1791，第203页）

本书已经阐述的大部分内容都建立在早期作者的基础贡献之上。本章旨在简要回顾先贤们在国际贸易领域的贡献。① 尽管我们将给出一些早期的例子，但是我们并不想对所有的文献进行全面的综述，而是强调与本书最具相关性的5个方面的文献：（1）当存在规模经济或者进入成本很高时出现的多重均衡；（2）导致任何产品只由单一供给者生产的规模经济的趋势；（3）在没有规模经济的古典模型中，一国生产率增长的影响；（4）市场机制将从潜在均衡中选择一个（或者接近）社会最优结果的不确定性；（5）各种正式模型的结构。

① 20世纪60年代中期之前关于这一领域的研究工作，参见Chipman（1965）。Bhagwati and Srinivasan（1983）对更近一些的相关研究进行了非常有益的综述。关于自由贸易的支持者和贸易保护的倡导者之间的争论的详细研究史，参见Douglas A. Irwin（1996）。

## 10.1 规模经济、进入成本和多重均衡

半个多世纪以前，庇古率先探讨了多重均衡的政策含义。在他的开创性著作《福利经济学》中，专门有一章集中论述了多重均衡的情形。在证明了启动成本如何产生多重稳定均衡之后，他写道：

> 收益可能来自暂时的津贴（即一种补助或者暂时的保护），因为这样的安排将使产业体系离开现有的相对（即局部）最大化的均衡位置，并使它再次停留在绝对最大化的均衡上——所有最高点中的最高点。这是暂时保护论或者其他幼稚产业扶持论的分析基础；而且如果选择了正确的幼稚产业、确定了合适的保护数量，以及在合适的时候取消这种保护，这个论点就是完全有效的。(1932，第141页)①

换言之，庇古强调，当进入一个产业的启动成本相当

① 庇古接着说，“收益也可能通过上述不同比率的永久津贴获得，这样的安排是为了迫使工业体系从它所在的最高点移到任何能够比现有位置高的地方，即一座更高的山的斜坡上”。这些言论恰好使人们关注近来有关最优税收的文献（回顾一下 Tibor Scitovsky 的研究工作）。所谓的“最优关税”也就是采用能够使该国收益最大化的关税水平。

高的时候，市场机制有可能带来多重均衡。而且，其中一些可能的均衡也许距离真正的最优均衡，即“所有最高点的最高点”相去甚远。同时既然一个较差的均衡结果趋于稳定，为了使经济摆脱这种不合意的均衡，政府干预也许是有益的，甚至有可能是必要的。

关于规模经济贸易模型以多重均衡为特征的观点，最早的认识和系统考察或许来自阿尔弗雷德·马歇尔。他在其最早的一篇供私人传阅的著述中（1879）仔细验证了这一主题。该文的复印件被传到英国和其他国家的顶尖经济学家那里，在专著出版并在1930年普及之前，文中的关键部分就已经在几本书上转载。文中的国际贸易部分长达28页，其中的16页主要探讨多重均衡情况。显然，这一概念不是一带而过的，作者也没有忽略其重要性。

马歇尔对多重均衡的讨论直接涉及国际贸易。马歇尔的正式分析完全是几何式的，并利用我们现在很熟悉的曲线图作为分析工具。他的分析最终框定在一个两个国家、两种商品的模型中。他说明了在规模经济存在的情况下，并且仅仅在这种情况下，这些曲线可能有几个交点（图10.1和图10.2再现了马歇尔提出的两种情形）。图10.2是规模经济的情形。马歇尔称之为特殊情形，“其中一国为出口而生产的商品数量的增长大大降低了它的生产费用”（1879，第5—6页）。在该图中，我们可以看到三个均衡点，A、B和C。马歇尔认为交点B是一个不稳定均衡，而A和C是稳定的（见马歇尔在他的图8和图9中的箭头）。

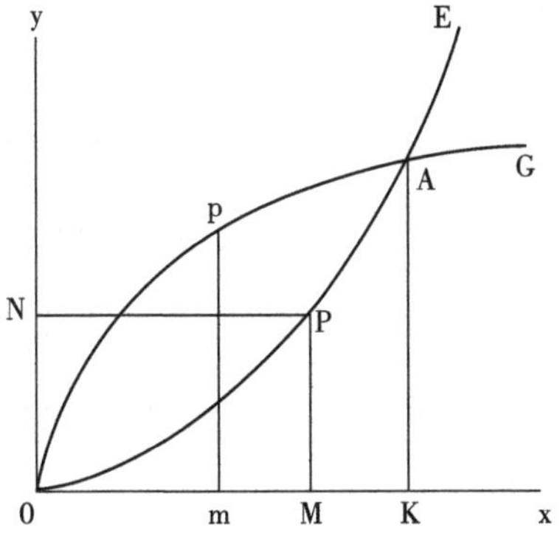


**图10.1 马歇尔的两国两商品模型（根据原图重画）**

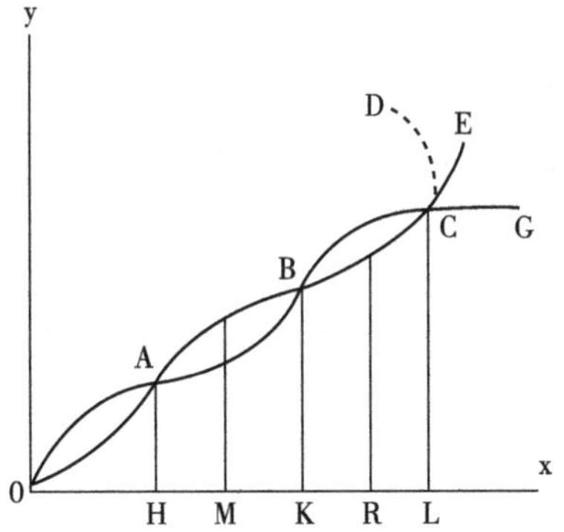


**图10.2 马歇尔的规模经济模型（根据原图重画）**

马歇尔给出了规模经济情形的两种解释。一种是标准的静态概念，需要一个常见的负斜率的平均成本曲线，“它们表示两个国家间的贸易不能渐进增长的情况；但是如果在外部因素的作用下贸易大规模地增长，两国都将从中受益”。(1879，第15页）马歇尔的另一种规模经济情形（正如Krugman和Venables在1992年描述的那样），需要一个可能耗费时日的引入过程：

> 在某些产业规模经济很少能在短期内实现。英国出口贸易中的重头戏——制造业的发明和制造业经济的发展需要几代人的付出……这些设施的制造或多或少地需要特殊的知识、特殊的技能和特殊的机器设备。(1879，第13—14页)

而且第二种规模经济至少局部是不可逆转的：

> 假设出口棉布的产量增长导致粗放型经济（extensive economies）的引入。这样的经济一旦获得就不容易失去。机械设备、劳动分工和运输组织的发展一旦实现就不容易被丢弃。当某一特定产业的商品需求下降时，投入该产业的资本和熟练劳动力确实有可能贬值；但是它们不能被迅速转换到其他产业。（1879，第27页）

将第二种类型的规模经济与高进入成本以及由此产生的构成本书大部分内容之基础的保留性特征结合起来无疑

是合理的。

在马歇尔之后，许多学者为分析国际贸易中的多重均衡做出宝贵的贡献和补充[①]。这些讨论中的早期部分通常都运用了几何的分析方法，并发现这种对于两个国家、两种商品的限定情形极为简便。像马歇尔一样，他们也普遍验证了涉及均衡数目非常小的（通常是三个均衡）的情形。显然，我们最先（1992，1994）证明了多重均衡不仅存在，而且随着贸易品的数量呈指数化增长，它们构成一个具有严格的定性特征和重要经济含义的区域。

人们早就已经意识到，由规模经济和高进入成本导致的一些多重均衡可能具有不理想的福利特征。它甚至使弗兰克·格雷厄姆（Frank Graham）早在1923年就证明，一国对某一产业进行永久性保护，禁止该产业的商品进口，有时能够对采取该行动的国家有利。[②] 马歇尔本人没有讨论多重均衡对于市场机制的作用，以及市场对于经济效率和一般福利的促进效果的可靠性意义。这一任务留给了他的继任者——庇古。在这一节的前面我们从他的《福利经济

① 参见 Matthews，1949—1950；Meade，1952；Kemp，1964，1969；Chipman，1965；Ethier，1979；Helpman and Krugman，1985，第209—213页；Krugman，1991；Krugman and Venables，1992；Romer，1994。

② 因此格雷厄姆证明，自由贸易均衡能使一个国家比自给自足状态下更糟糕。我们进一步证明（第七章），在规模经济下总是存在不理想而又稳定的均衡，以及当贸易品的数量很多时，将存在许多这样的均衡。

学》的引文中已经看到，他将这个任务实现得多么有效。庇古注意到，在均衡不是唯一的时候，市场力量将引导经济走向一个（从一个，或者更多，或者所有的影响方面来看）与真正的全球最大化差之千里的本地最优。他也注意到在这样的环境下，公共部门能够通过特别服务于该目的的或者暂时或者永久的干预，在改善市场机制产生的结构方面起到有益作用（《福利经济学》，第四版，第三章，第141页）。因此庇古清楚地预测到我们的政策讨论的一般方向。

多重均衡的重要性对于当前一些作者来说也很明显："外部经济最有趣的结果就是多重均衡的存在。"约翰·契普曼（John Chipman）在1965年写道（第749页）。但是在如此多的可能均衡存在的状况下，市场失去了单一均衡使其达到的明确目的。因而将有许多可能的结果，并像格雷厄姆四分之三个世纪以前指出的那样，这些均衡中有许多是不合意的，至少对于其中一个贸易国家来说。此外，像保罗·罗默（Paul Romer，1994，第6页）所说，在这样的情况下，"我们不得不承认，世界像我们知道的那样是一长串偶然结果的结果"。保罗·克鲁格曼（Paul Krugman，1991，第652页）补充道："然而一旦拥有了多重均衡，就有了一个明显的问题：哪一种均衡会真正建立起来……一方面存在着这样的观点，认为多重均衡的选择必然是历史的结果：过去的事件建立起驱使经济向一个或者另一个稳定状态移动的前提……而在另一方面，主张均衡选择的决定因素是预期。”

文献中的另一分支集中在创新而不是国际贸易上，它也强调多重均衡赋予历史事件一个决定生产活动在国家间分工的重要角色（参见 David，1985；以及 Brain Arthur 近些年的多篇作品，例如，1989 年的作品）。这一分析也提出了这样的可能性，即市场机制可以有意地导致不能最有效地提升公众利益的结果，以及那些至少是局部不可逆转的结果，所有这些都意味着这样的考虑可以为政府提供一个有用的经济工具。

我们接下来看到克鲁格曼的论述：“在新出现的关于收益递增和外部性的文献中，多重均衡不是累赘，而是这个问题的中心部分”，这显然是很合理的（Krugman，1991，第 651— 652 页）。

## 10.2 规模经济以及单一生产者的趋势（完全专业化分工均衡）

在本书中我们已经广泛应用了完全专业化分工均衡的实例，因为规模经济往往导致任一特定商品都只由单一生产者供应的分工。由于我们关注的是整个经济而非单个厂商，所以在我们的讨论中“单个生产者”意味着在某种商品由一个国家单独生产，但是这并不必然意味着该商品是由单个厂商生产的。然而，将规模经济与在单一经济体内生产相结合的观点，与把规模经济同单一厂商提供生产和服务相结合的标准“自然垄断”分析是一样的。

正如维纳经常向我们强调的那样，寻找任何独特观点的第一作者是一种猎奇活动。无论何时发现一份特定的早期文献，它只会推动你去寻找更早的文献，这些文献通常不太复杂，但要点明确。我们将把古诺（Cournot，1838，英译本第76页）看作一个相对较早地意识到规模经济与竞争不相容的作者。①

“自然垄断”的概念好像源于约翰·斯图亚特·穆勒，不过他只是暗示了自然垄断与规模经济的联系：

> 所有引起或者加大不同劳动的收益差异的自然垄断（因而意味着那些由环境而不是法律导致的）同样都在不同的资本使用量下运行。如果一个企业只能在

① 最近的作者，尤其是应用博弈论方法的人，都强调规模经济并不必然与少数竞争厂商同时存在冲突。每一个厂商都能采取有效地阻止其他厂商将其逐出市场的策略。即使这是一种现实的可能性，它与我们的分析也没有冲突。我们的分析并不要求非专业化均衡不存在。它只是要求在考虑的那种规模经济存在时，每个可能的专业化分工都是一个潜在均衡。

大量资本下有优势地运行，那么在大多数国家，这使极少的人能够进入该产业，以至于这些进入者能够将利润率保持在一般水平之上。（《政治经济学原理》，第二卷，第15章，第394页）

可能没有办法追寻如下观点的起源，即规模经济中的均衡往往导致单一生产者。这一思想也可以表述如下：当几个生产者同时存在的时候，生产分工将可能是不稳定的，因为在规模经济的初始状态下，成功地扩张其相对产出的生产者可以使其定价低于竞争对手。这一思想看起来如此明显，以致它可能来自相对早期的观察者。当然马歇尔和埃奇沃斯（F. Y. Edgeworth）将这一观察看作一种几乎不值得讨论的普通问题。尽管马歇尔明显地用相当大的篇幅分析垄断和规模经济（包括内部和外部的①），但是他似乎只是在一个脚注中提到了我们的问题。而且在那里，他把我们的问题视为一个被某些早期作者莫名其妙地忽略了的且相当清楚的问题：

---

① 尽管马歇尔明显地给出了“外部经济”的概念，他却不是第一个讨论它的人（例如，这一概念在亚当·斯密的《国民财富的性质和原因的研究》中曾经出现过，E. Cannan主编，第一卷，第307页）。也许更令人吃惊的是，马歇尔似乎既没有在《经济学原理》也没有在他的其他著作中讨论过这一概念及其含义，相反，这一任务留给了庇古。

包括古诺本人在内的一些人，遇到了单个厂商的供给曲线问题；这反映了厂商的产出增长使它获得了如此巨大的内部经济，以至于可以大大减少生产费用；然后他们大胆地使用了数学分析，但是显然没有注意到他们的假设不可避免地引出这样的结论，那就是无论哪个厂商最先开始一种商品的生产，他都将在其区域内垄断该产品的所有贸易。（《经济学原理》，第459页）

与此类似，尽管在埃奇沃斯的知名论著《纯粹垄断理论》（1896）或者《收益递增和收益递减法则》（1911，都转载于《政治经济学论文集Ⅰ》再版）中都没有提及这个问题，但他在一篇1905年的书评中有一句话提道："当一个产业遵循收益递增规律时，它的垄断倾向导致应用几何方法分析结论的困难。"（《政治经济学论文集Ⅲ》，第141页）

维克塞尔以同样的方法简略处理了这个问题（《政治经济学讲义》，第131页和第233页）。他告诉我们："如果……收益递增的法则无限制地应用……整个产业将被一个或多或少的完全垄断的联盟主导，而且所有更小的公司都将消失……小企业试图进行有效竞争的尝试……都将是徒劳的……"（第131页）

弗兰克·奈特（Frank Knight，1924）也强调竞争和规模经济间的冲突，并在批评弗兰克·格雷厄姆1923年关于规模经济下一国可能从贸易中遭受损失而不是受益的论点时，把它作为一个中心论点（见上文）。

维纳在他的著名文章《成本曲线和供给曲线》中，以一种不同的方式更详细地探讨了这个问题：

> 大规模生产的纯内部经济以及长期稳定均衡在竞争条件下是不一致的，这一熟悉的论点很容易得到说明（通过成本曲线图）……当……厂商的短期边际成本……等于价格时，（厂商）处于短期均衡中，但是当它的长期边际成本……低于价格时，它将不会处于长期均衡。[①] 假设它的产出变化不影响市场价格，不管价格，以及它的现有生产规模如何，它都将扩大生产。而如果它的生产扩大到运营对价格产生重要影响的程度，我们将失去原子式竞争制度而接近局部垄断……（第40页）

随后威廉·夏基（William Sharkey，1982）探讨了“自然垄断”概念的演化。不管怎样，显而易见的是这一概念

---

① 像Viner后来在和他的弟子，数学家Y. K. Wong讨论这个问题后意识到的那样，这一论证不太正确。正确的一点在于，当边际成本下降时，边际成本曲线一定从上面与厂商的水平需求曲线相切，因此使厂商从等于价格的边际成本水平上扩大产出是有利可图的。

从此变得平常，并在现代产业组织理论或者规制经济学的著述中得到广泛讨论（参见 Kahn，1971，第四章，第116—123页；Kasserman and Mayo，1995，第413—421页）。更近以来，克鲁格曼广泛论述了规模经济对国际贸易的影响。他的著作引起人们对这个问题的广泛兴趣。我们这里引用一个与本书特别有关的论点。克鲁格曼和维纳布尔斯告诉我们：

> 如果一国在某一产业中的初始状态强于竞争者，它也许会发现它拥有一种随时间而不断积累的优势。最终商品的生产者将会发现，拥有大型产业的国家可以支持更多的中间产品生产商，而这使它们能够以足够低的成本向其他市场出口……因此，每个产业都将倾向于集中在其中一个国家……一个地区专业化和分化的动态过程……（第4—5页）

因此规模经济趋于导致完全专业化分工均衡①的观

---

① 有几个原因可以解释为什么规模经济不一定总是导致完全专业化和垄断。在国际贸易中，从规模经济中受益的国家，其工资可能也因某种商品的出口增加而提高，因此可能抵消规模经济的竞争性利益，如果这些竞争利益相对较弱的话。或者一种商品的竞争生产国可以各自拥有某些特殊优势，例如，使之能维持市场优势的有利的自然资源。在厂商内部的规模经济情况下，博弈论告诉我们一组竞争厂商可以采取策略使它们全部存活下来，最明显的例子是参加一个卡特尔组织，但是此类安排的稳定性可能很脆弱。

点被广泛认同。可是应该提醒读者的是，如果把非专业化分工均衡纳入模型，我们的分析将产生同样的经济结果。

## 10.3　无规模经济的模型中，一国较快的生产率增长

至少从1953年以来，在约翰·希克斯著名的就职演说之后，国际贸易专家已经认识到，一个落后经济的生产率增长有时候可以降低技术更加先进的贸易伙伴国的整体福利。然而，尽管经济史学家对这一问题一直争论不休（参见McCloskey，1981，第133—183页），显然有相当多的经济学家仍然相信这样的生产率增长确实或者很有可能对两国都有益。

我们关于生产率的讨论遵循专家的指引，再次运用了他们证明过的相同命题，即一国生产率的提高有时候（但不总是）可能会使别国受损。和国际贸易领域的专家一样，我们也将分析建立在李嘉图模型的基础之上，即贸易均衡通过一国或者另一国生产率的改善而变化。不过，我们的分析更加深入。首先，我们集中讨论了生产率变化对世界总产出和两国国民收入的影响。我们表明，以前没有强调的对世界产出的影响，以及世界总产出在贸易国家之间如何分配是问题的中心。我们的方法

使我们可以描述对应于不同生产率水平的全部均衡，并直接比较任何一对均衡对于世界和每个贸易国家的好处。第二，我们的方法使我们有可能将希克斯关于任何特定情况下国家 2 生产率增长对国家 1 有益还是有害的一般性论述纳入我们的模型。

在他的就职演讲中（Hicks，1953），希克斯教授勾勒出一个直观的李嘉图模型，用以说明国家 2 生产率的增长对它自己及其贸易伙伴——国家 1 的福利影响。他首先得出结论说，一个贸易伙伴生产率的单向增长（uniform increase）将使两国受益，然而，他区分了两种其他情况。在第一种情况中，国家 2 的进步集中在它的出口产业，他的结论是，这种进步对于两国而言都是有利的。其直观的原因很清楚。由于在商品 X 的生产中经历了技术进步的国家 2 是该商品向国家 1 的出口国，后者没有该商品的对外销售损失，而且它现在可以比从前更加低廉地购买商品 X。[①] 在希克斯讨论的第二种情形中，进步集中在国家 2 的进口产业，他的结论是，尽管这一进步对国家 2 有利，但是国家 1 的境况将恶化。直观地说，这是因为由于部分或者所有商品 X 的出口被国家 2 夺取，以及/或者国家 1 对这些进口商品可以收取

① 这一直观的论点并不像它看起来的那样正确，但它有一定的启发性。

的价格趋于下降。

希克斯的贡献迅速得到许多扩展、公式化和评论，包括马尚（E. J. Mishan，1955）、约翰逊（H. G. Johnson，1955）、科登（W. M. Corden，1956）以及芬德利和格鲁伯特（Findlay and Grubert，1959）。

多恩布什、费希尔和萨缪尔森（1977）在一个简明的李嘉图模型中再度运用了希克斯的丰富思想。这一开创性的论文也许最值得注意，因为它明确无误地突破了两种商品模型，给出一种极富创意的图形分析法，它可以用来分析有无数种商品的极端情形。对我们现在讨论的问题，他们像希克斯一样认为，发展中国家无单向的技术变化对两国而言都是有益的。然而，他们也指出，技术从高工资国家向不太先进的低工资国家的转移可能损害转移国家的福利。在上述两篇论文的启发性思想的基础上，克鲁格曼（1985）提出技术先进国家和其不太先进的贸易伙伴之间的贸易问题，同时加入几点相关而有启示性的假设。他假定，技术先进国家在其技术比较先进的部门可能获得比较迅速的进步，并且运用一种类似于多恩布什、费希尔和萨缪尔森的分析方法勾勒出这种进步对两国的影响。他发现了一种有趣的不对称性。先进国家的进步总是对两个国家都有利，而不太先进国家的进步，尽管总是对它本身有益，但是，对于先进国家是有害还是有利则取决于不同的情况。他指出，这些结论可以用先进国家往往有出口偏向型的进步，以及不先进国家往往有进口偏向型的进步来解释。

更近一些时候，斯塔福德等人（Johnson and Stafford，1993，1998；Hymans and Stafford，1995）分析了一国单一产业进步的影响。他们发现，与早期著作相一致，如果一个产业的初始生产率水平非常低，并且产品因此完全进口，那么低生产率国家最初的生产率增长，如果它对贸易有影响的话，对发展中国家是有利的，而对其贸易伙伴来说却意味着损害。但是，在生产率增长的后期，当该产业完全转移到发展中国家时，进一步的改善对双方都有利。整个变化会产生净利益还是净损失取决于两个阶段的平衡。简而言之，所有这些著作得出的结论是，一国生产率的进步总是对它①有利（或者更应该说从未不利），但是对于其贸易伙伴的影响取决于对进口产业的有害影响和有利影响之间的权衡。

在本书中，我们介绍了不同但互补的分析技巧，它们使提出和回答一系列不同却相互补充的问题成为可能。我

① 但是 Bhagwati 关于贫困化增长的著作（1958）应该给我们一些关注这一结论的理由。

们没有探求接近现行均衡的生产率变化的影响，[①] 但是考察了所有可能的生产率参数，并确定哪些生产率参数会产生对一国或者另一国来说最优的结果。正如我们看到的那样，从一个发达国家的利己观点出发，使另一国成为最佳贸易伙伴的特征要求该理想伙伴是少数几种产品的出口国，而且在这些商品的生产上有着非常高的生产率水平。结果是，发达国家的这一最优结果对其发展中贸易伙伴来说通常是非常糟糕的。

所有这些结果都要求有相当多的产业（通常是6个或者更多）的存在，但是对于所有的参数选择来说，即有众多产品的所有模型来说，它们都是有效的。以前的多数文献都倾向于要么探讨只包含两种商品的模型，要么（继多恩布什、费希尔和萨缪尔森的开创性论文之后）探讨有无限多个商品的模型。我们很容易证明，至少对我们的多个参数分析来说，两个或者3个商品的模型与有6个或者更多商品的模型有很大不同。例如，在具有少量产品的情形中，商品数量的增加，并不总是引起贸易伙伴之间的利益冲突。

① 这里的一个基础假设是，所有的生产率参数在各国各个产业中将受到的一些自然或者技术极限的限制。尤其是这一分析考虑了所有满足 $e_{i,j} \leq e_{i,j}^{max}$ 的平均生产率数值。克鲁格曼也采用了一个类似的假设（Krugman，1985，第38页），但是他是用来说明一个不同的问题的。

我们在这本书中运用的方法也给出这一理论与规模经济理论之间的自然联系。在经过修正以包含规模经济（参见 Gomory，1994）的李嘉图模型中出现的大量多重均衡，可能与线性模型均衡有着根本的不同，后者的结果是几个产业随着生产率变化而从一个国家转向另一个国家。然而，假如后者的参数值范围广度合适的话，所有这些规模经济的均衡都将被包括在我们的线性均衡产生的系列均衡中。这就引入生产率水平变化的线性模型与得自规模经济模型的结果之间的紧密联系，我们把这种联系称为对应原理。其含义是，从一种情形转向另一种情形会导致相应的行为特征和政策影响，而这一点在以前并没有被注意到。

## 10.4 政府推动一个经济进入新产业：利益、成本和市场失灵

我们的分析中有一个基本结论，即进入一个新的产业并在世界市场中获取相当份额在大多数情况下有利于成功地达到这一目的的国家。事实上，我们认为政府鼓励这样的发展有时候是合适的。显然，这种分析并非与传统的幼稚产业论无关，我们相信，读者将会发现我们在这里的论述比较复杂。

维纳告诉我们，现代学者通常将亚历山大·汉密尔顿或者弗里德里希·李斯特，甚至约翰·斯图亚特·穆勒视为最早的保护新兴产业的幼稚产业论的代表。然而它有着早得多的出处，并且在理论和历史上都与赋予开办新兴风险贸易公司和发明以垄断特权（“垄断专利”）有着紧密的联系（Viner，1937，第 71 页）。不过维纳引用的文章虽然清楚地表达了一般观点，却没有探讨得像汉密尔顿那样完整，因此忽略了与我们的分析有关的论点的一些特征。①

汉密尔顿提出这样的主张，即幼稚工业的保护主要但不是完全由缺乏自由的国际贸易所致：

> 如果完全自由的工商体系是国家间的主导体系，那么说服一个国家不要狂热地从事制造业生产的主张无疑具有强大的力量。除了少数特例外，这样的主张总是一种国家的行为规则。在这样一种状况下，每个国家都将充分利用其特有的优势以弥补不足或者劣势。如果一个国家能够在比别人更加有利的条件下生产制

① 同样可以参见重商主义文献的引述以及 Irwin 的启示性论述（1996，第 116—118 页）。Irwin 还强调了 John Rae、William G. Sumner、Henry Sidgwick、C. F. Bastable、Paul-Gustave Fauveau、Frank Taussig 和 James Meade（第八章）的贡献。在我们看来，Irwin 没有给予亚历山大·汉密尔顿的创新和深刻见解以足够的评价。同样值得注意的是 Irwin 的结论，“我们永远找不到对于幼稚工业保护论的特殊理论依据”（第 230 页）。

造品，另一个国家就有可能在提供农产品的优越能力上找到充分的补偿。互惠互利的商品自由交换将在各国展开，每个国家都能最有效地生产商品，并给各自的产业提供强有力的支持。（《关于制造业的报告》，第200—201页）

汉密尔顿继续指出，贸易难以实现自由（而且给出了几个补充论据）：

在一个长期以来栖息着不同产业的社会内，自生自发地向新产业过渡可能会面临相当大的困难……对新尝试失败的恐惧也许是一种更加严重的障碍……就这点而言，重要的是必须激发谨慎明智的资本家的信心，无论他们是本国还是外国公民。并且为了鼓舞这些有信心的人，有必要使他们在任何新的——因而是有风险的项目中看到政府鼓励和支持的希望，从而克服第一次实验带来的障碍。

对那些想要进入某个产业的国家来说，已经先行占有和发展该产业所带来的先期优势，比前面提到过的障碍更难逾越。要在质量和价格平等的条件下维持一国新进入的产业和另一国已经发展成熟的产业之间的竞争，在大多数情况下是不切实际的。一个，或者另一个，或者两个产业的差异必然大到可以在没有政

府的额外扶持和产业保护的情况下也能阻止成功的竞争。（第 204—205 页）

科尔伯特（Colbert）根据庇古的观点（1906，第 15 页），将保护性关税描述成“新的制造业学习走路的拐杖”（庇古没有说明出处）。但是汉密尔顿走得比这还要远得多，他引用对未知的恐惧、资本市场对未知风险的反应，以及率先实现的优势，来解释为什么市场力量不能确保将一个经济从次优均衡推向更优均衡所需的跨越式发展。

我们没有必要重复李斯特（1841；1885，第 300 页）或者穆勒（第 5 卷，第 10 章，第 423 页）的任何类似论述的细节。[①] 值得注意的只是他们共同强调的可能性，用穆勒的话说就是，“一个国家相对于另一个国家在某一生产领域的优势通常只产生于起步更早的时期。其中一方的优势和另一方的劣势可能都不是固定的，而只不过是一种后天技能和经验的优势”。

所有这些讨论都集中于高启动成本而不是静态规模经济，并且把缺乏新产业经验引起的成本、对未知的担忧、

① 熊彼特告诉我们（1954，第 505 页），“就其对德国公众关于经济政策、幼稚产业论的著名贡献来说，这很显然是汉密尔顿式的观点以及李斯特在居留美国期间吸收的部分经济哲学”。

资本市场的局限性以及其他高启动成本的来源视为自动的市场力量在多重均衡存在的情况下表现不完美的原因。当然，现代术语“多重均衡”从来也没有被使用过，但是一个经济进入某个新产业的思想却与从一个这样的均衡走向另一个均衡完全相同。

现代贸易文献反复讨论了规模经济存在的情况下贸易均衡的非单一性，清楚地说明了从一个这样的均衡向另一个均衡的移动也许能够令一个国家受益。可是，似乎只有格雷厄姆（1923）曾经明确地多次提到过这个问题。正如已经提到过的那样，格雷厄姆认为，如果一个国家在一个受到规模经济约束的产业中处于相对劣势，那么阻止该种商品的进口并完全在国内生产对于它而言可能是有利的。威尔弗雷德·埃瑟尔（Wilfred Ethier，1982）给出了关于这个问题的一个正式的分析，看起来可以作为这个讨论的解决办法。

最近，有许多经济学家开始对不受约束的自由贸易提出更多的政策导向型保留意见。斯潘塞-布兰德（Spencer-Brander，1983）的文章引出了一个广泛而有启发性的讨论（同样参见 Tyson，1992）。

关于由贸易伙伴的生产率变化导致的均衡移动对相关国家的好处和害处的一个更一般性研究已经出现在三篇开创性的文章中（即 Johnson and Stafford，1993），本章和第四章中已经对此进行了简单的介绍，因此我们不再赘述。我们只需要得出这样的结论，即在我们讨论的范围内——从一个均衡移向另一个均衡导致福利增加的可能性，以及通过没有干预的市场机制获得这种福利收益面临的障碍——我们的讨论都从早期的作者那里得到很多有益的启示。

## 10.5 与其他规模经济模型的关系

最后，我们来考察我们的模型在哪些方面与其他文献运用的模型是一致的。以前的贸易文献强调了规模经济的三个不同变体。尽管每一个都对应着真实而且可能很重要的现象，它们却需要采用非常不同的分析方法并且得出大相径庭的结论（例如 Krugman，1984，第 109—110 页）。

一组得到广泛应用的规模经济模型假定，规模经济发生在一个企业的内部。正如我们已经提到的那样，这使我们认为市场是垄断的或者是垄断竞争的，除非市场是完全竞争的，否则很有可能存在非零利润①。赫尔普曼、格罗斯

① 在不同商品的早期贸易模型中并不是这样的，因为它们假定进入是不受约束的，厂商是对称的。

曼和克鲁格曼一度成为运用这种方法的先驱，并且在它的帮助下得出全新的、基础性的以及极富启发性的结论（例如，Krugman，1979；Helpman，1984；Helpman and Krugman，1985；Grossman and Helpman，1991）。

前面研究过的第二种规模经济模型必定包含世界范围的外部性，在这种规模经济下，一个产业的每个生产者都能从该产业中其他生产者的产出扩张中受益，不管这些企业位于哪个国家。包括维纳（1937）、埃瑟尔（1979）以及赫尔普曼和克鲁格曼（1985）在内的杰出学者都探讨过这种情况，我们在这里不打算对它做进一步讨论，因为它与我们要讨论的内容完全不同。

与本书分析有关的第三组模型也许是文献中最传统的模型。它假设企业是完全竞争的，它们都在不变或者递减的规模收益下运行，但是由企业的地域邻近性决定的外部性会带来产业的规模经济。因此规模经济只会有利于特定国家的一个产业内的生产者。竞争当然会使利润趋于零。许多著作运用了这种方法，包括肯普（Kemp，1969）和埃瑟尔（1982）。这个概念可以追溯到马歇尔的《经济学原理》（要对历史进行一番认真回顾，请参阅 Chipman，1965，第 740 页）。我们的模型与这第三组模型有关，是因为尽管存在规模经济，我们也假设利润为零。①

尽管这组模型也许是规模经济模型的最广泛应用，但它仍然经常引发争议。有时候人们认为，除非专业劳动在干中学中得到最有效的训练以及劳动力不能在国际流动，否则这种情况很少产生。然而还有许多更多的情况，包括地理邻近能给企业带来外部效应，因为一个企业的活动为其他企业提供了支持。现代半导体产业，或者事实上任何复杂的制造工业，都依赖众多经验丰富的专业化生产者，尤其是在服务上，缺乏众多经验丰富的专业化生产商将使一个产业的启动大大复杂化，而这些生产商的存在可以大规模提高效率。在这样的情况下，高启动成本真的能够在某个产业中产生一系列事前规模经济，而且必然使企业获得固定的收益、带来有效的竞争以及因此产生零经济利润的趋势。

## 10.6　关于分析工具

显然我们在这里运用的一些方法是新的。就我们所能

① 我们的结果并不取决于零利润假设，尽管它确实使数学计算更容易。人们可以修正我们的模型，这要放弃外部性假设，并假定每种商品由一个垄断厂商生产是规模经济的结果。人们可以用一组利润最大化的条件来替代每个产业中的零利润条件，同时完全坚持在每个产业中边际成本等于边际收益。

够决定的来说，以前，从来没有人使用过均衡区域的概念，以及我们在基本图形中对该区域的描述。因此，以前也没有人研究过该区域的形状及其经济含义。以前更没有人计算过专业化均衡点的数量以及该数量的增长速度是贸易品数量的一个函数。

然而，很显然，先贤曾经探讨过贸易品的数量，以及参数值变化对均衡的影响，即比较静态的情况。正如在本节中将要说明的那样，尽管文献通常提供了比较静态分析的有力工具，但是其中的大部分工具只能用来研究参数值的局部变化，亦即参数值的微小变化产生的影响。对此的一个例外情况，是第八章中描述过的弗兰克·斯塔福德及其合作者的研究工作。相反，我们的比较静态分析可以视为全球性的，因为它能够处理任何可能大小的参数值变化。这可能很重要，因为正如我们在这里所能看到的那样，微小变化产生影响的定性特征可能与那些重大变化产生影响的定性特征截然不同。

首先让我们转向一个模型中的贸易品数量，我们已经注意到，在 20 世纪 70 年代以前，几乎所有规模经济下的贸易研究都只考虑两种贸易品的世界。这些研究可以证明，即使只有两种商品，规模经济也能导致多重均衡，其中不只一个是稳定均衡，而且某些均衡可能不会使福利最大化（例如，参见 Matthews，1949—1950；Meade，

1952；Kemp，1969；Ethier，1979）。然后，多恩布什、费希尔和萨缪尔森获得了重要的突破，给出一个可以处理无数贸易品的模型。从那时起，赫尔普曼和克鲁格曼（Helpman and Krugman，1985）以及格罗斯曼和赫尔普曼（1991）都有效地把N种贸易品纳入他们的分析，而且数字N是没有限定的。因此我们应用的N种贸易品的模型有许多杰出的先行者。

但是，就我们所知，以前的研究并没有探讨贸易品数量对均衡数量和性质的影响。我们证明了两国模型中专业化均衡的数量以$2^n-2$的形式增长。更重要的是，我们表明，当贸易品的数量大于6时，两商品模型下可能成立的情形通常会有很大的不同。例如，在我们的大部分讨论中，我们已经看到，国家1的均衡区域的顶点通常在国家2的顶点的右侧，从而引出我们反复讨论过的冲突区域。不过，我们可以证明，在两种商品的情形中这两个顶点往往会合在一起，所以两种商品的分析可能会忽略冲突区域及其对理论和政策的重要性。

在这里我们不需要重述正式的比较静态分析的早期历史，这一历史至少可以追溯到古诺（1838）、希克斯和艾伦（Hicks and Allen，1934）等人，而萨缪尔森（1953）等人通过运用显性偏好分析和二重性理论（Roy等人在1942年引入）进一步促进了比较静态分析。这里相当明显的一点是，所有这些分析都借助了微积分，而且通常可以对模型中的某个参数值求一些内生变量的偏导数（在贸易理论中有大量这样的例证，参见 Dixit and Norman，1980）。显然，这样的导数就其本质来说，只能够描述非常局部的变化和反应。与此相反，我们的模型展示了完整的均衡区域，因此给出了所有可能的变化和反应，既包括局部的，也包括全球的。这在一个由恰当的凸凹条件保证的唯一性通常不复存在的规模经济模型中，显然是很关键的。因此，正如庇古指出的那样（见上文），向最高点的移动可以很容易地使经济远离真正的全球最优。① 而且我们已经看到，尽管在我们的图形中有这样一些区域，在这些区域里，一个局部的移动肯定对两个贸易国都有利，但是对于更大的移动来说，显然这并不总是正确的。因此在这里，就像在本书其他地方一样，我们明显受益于我们的前辈。但是我们也声明，在他们的基础上，我们也向前迈进了几步。

① 即使在这里，从通常意义上来讲也存在先行者。因此如古诺在研究成本变化对垄断价格的影响的比较静态分析中应用了微积分技术（Cournot，1838，1929，第 61—62 页），而马歇尔和我们一样运用了图示性的比较静态分析（《经济学原理》，第五卷，第十四章）。结果是即使在利润函数常见的凹形假设不成立时，它也能够有效地（如果有一点笨拙）解决更大的变化，以及全球和局部的最大化问题（第 483—484 页，注释 1）。

## 10.7 总结：政策讨论的应用

规模经济、进入一个产业的高成本以及多重均衡对政府作用的含义和不受限制的自由贸易都是当前讨论最多的话题之一。这里，我们再次强调，克鲁格曼是这一分析的主要贡献者（例如，见 Krugman，1983，1984，1987；Krugman and Lawrence，1993）。其他值得注意的例子包括奇切尔尼茨基和希尔（Chichilnisky and Heal，1986）。我们有充分的理由期待争论将继续并扩展下去，因为受国家政治压力影响的国际磋商使这个问题一直处于前沿地位。

最后要说明的是，我们在本书中的分析完全在自由贸易的领域之内。在关于规模经济的模型分析中，我们只讨论了自由贸易的结果。但是我们想指出，存在着大量可能的自由贸易结果，它们都倾向于由市场力量来维系。因此在保留性产业存在的情况下，自由贸易趋于维持现状，而不是将世界推向任何一个预先决定的结果。

在关于不同生产率参数的影响的分析中，我们考虑到对于一国来讲，可能的生产率参数的范围，以及这些参数的变化如何影响各国的国民收入。然而，我们再次讨论了一国可以实现的选择，每一个这种选择也都是自由贸易的结果。对于参数值的每个选择来说，我们发现和讨论的正是自由贸易均衡。我们描述的影响、参数选择导致不同的国民收入的波动都是自由贸易结果的共同特点。在我们的分析中，自由贸易与众多可能的结果并行不悖。

# 第十一章
## 经验分析：工业化国家专业化分工的持续性*

没有明显的方式可以直接检验前面各章的模型和分析。因为在一个多重均衡的世界里，历史只能在许多备选的均衡中选择一个，所以其他所有的均衡充其量只是一个本来应该发生但事实上从未发生的均衡。当然，我们无法直接观察到具有可能性但是从未真正发生过的事情。然而对理论前提的间接检验却是可能的，而且也是合理的。此类检验最常见的形式就是考察被研究模型产生的预测，它们不同于其他模型的预测，然后确定这些预测是否得到现实的证实。这就是本章中采用的方法，它集中于制造业产品的贸易模式。

前面有几个章节已经强调了内部规模收益递增（IIRS），以及干中学在比较优势形成中的作用。在这里

* 本章作者为爱德华·沃尔夫（Edward N. Wolff）。

"内部"这个词意味着，这种规模递增发生在一个我们讨论的商品生产在国别进行的情况。前面各章的分析表明，规模经济和/或高启动成本导致不同的国家专业化生产不同系列的产品。较早进入一个新领域或者产品线的国家可能是少数几个可以进入主导该商品生产的国家之一。它之所以能够这样做，是凭借着将生产扩张到一个点，在该点上，其生产成本低到其他潜在的竞争者不能成功地进入该领域（至少在没有重大产品或工艺革新或政府充分支持的情况下）。更重要的是，仅仅通过先行进入某个产业在干中学中积累必要的专门知识就构成一种进入障碍（参见 Arrow，1962）。由此形成的领先位置可能会持续很长一段时期。一国专业化生产的产业性质可能取决于历史和各种各样的特定影响，其中一些是偶然因素，包括能够有力地辅助一个国家成功地生产某些特定产品或者产品类型的相关产业是否可以得到。这都说明一国的领先优势有可能持续很长时间，并确保相对稳定的产业专业化模式，其最重要的结果就是产业具有保留性。

将这些论点与赫克歇尔—俄林模型的论点及其要素—价格均等化的含义对比，也许有所帮助。在赫克歇尔—俄林模型中，贸易专业化被看作取决于不同生产要素的相对丰裕程度。在赫克歇尔—俄林模型必然使要素—价格均等化的情况下，可以准确地预测某个产业中劳动和全要素生产率（TFP）的跨国模式。它尤其意味着生产率在所有的国家都将是相同的。如果确实如此并且要素价格（即工资和利润率）在国家间是相等的，那么一国专业化生产某一产业的选择只能取决于该国各种要素的相对丰裕度——无论它比竞争者拥有相对丰富的劳动、资本还是土地。①

多拉和沃尔夫（Dollar and Wolff，1993）的早期研究表明，从总体上来看，“二战”后发达经济体间的劳动生产率、资本劳动比率以及全要素生产率有显著的趋同倾向。产业层面也存在同样的趋同倾向，但是，资本密集度的趋同要弱于劳动生产率或者全要素生产率。在这样的环境下，赫克歇尔－俄林模型预示着总的资本—劳动比率的趋同应该伴随着这些国家生产模式的趋同。

本章探讨1970年到1993年OECD（经济合作与发展组织）中的工业化国家之间是否存在生产模式的趋同倾向。生产线的趋同倾向为赫克歇尔－俄林模型提供了支持。然而，我们发现，尽管这些国家在总生产率和相对要素丰裕度上有趋同的倾向，但是它们的专业化模式并不趋同或者

① 我们也许应该预料到，在规模收益不变或递减以及唯一均衡的假设下，从静态（新）古典模型中可以得出类似的结果。既然在这个模型中，不像规模经济或者高进入成本的模型，每种商品生产任务的分配完全由比较优势决定，在其他条件不变的情况下，要素比例均等化的趋势应该弱化这些力量，促使生产不同商品的各个贸易国进行专业化生产，而且应该使各国的生产产业更加趋同。

说只有极少的趋同，这些结果将支持本书中提出的规模经济模型。换句话说，这些结果证明了制造业贸易是以高度的保留性为特征的。

## 11.1 生产模式的趋同

现在将要探讨的问题是发达国家的工业生产模式是否已经倾向于趋同。为了研究这个问题，我们采用 1994 年的 OECD 结构分析（STAN）工业数据库，该数据库涵盖了 1970 年到 1993 年的相关数据。STAN 提供了 33 个工业化国家的附加值统计数据，这些数据以当期和 1985 年的各国国内价格为基准测算。这个 STAN 数据库拥有 14 个 OECD 国家，包括澳大利亚、比利时、加拿大、丹麦、芬兰、法国、德国、意大利、日本、荷兰、挪威、瑞典、英国和美国的相对完整的数据。

我们选择一国在某种商品的世界总产出中所占的份额相对于该国占世界 GDP 的份额作为专业化的一个指标。我们把这种相对产出份额称为“$RELPSHR_i^h$”，它表示国家 h 在商品 I 的生产中以 1985 年美元价值计算的相对份额。①

① 这个指标与 Balassa 的显示性比较优势标准（1965）类似，它被用于测算贸易专业化。

所有的相对份额是由 14 个 STAN 国家的数据组成的。RELPSHR 是一个分数，其中的分子表示国家 h 生产的商品 I 在该商品的 14 国总产出中所占的份额，而分母表示国家 h 在这些国家的总 GDP 中所占的份额。因此一个大于 1 的 RELPSHR 值意味着国家 h 在商品 I 的总产出中所占的比例高于它在这些国家的总 GDP 中所占的比例，而一个小于 1 的值意味着该国的产出份额低于其 GDP 份额。RELPSHR 告诉我们一个国家的产出集中在哪些产业，也就是说，它专门从事哪些商品的生产。通常，对于每个国家来说，有些 RELPSHR 值大于 1，而有一些小于 1。①

我们选择了可以得到必需数据的 33 个产业。它们都是按三位码 ISIC（国际标准工业分类）分类的产业，但运输设备除外，因为该产业是按四位码标准分类的。我们以 OECD 国家 1985 年生产的平均研发（R&D）密集度②为基础，将这 33 个产业分成三个技术群组：低技术水平（研发密集度小于平均值的一半）、中等技术水平（研发密集度在平均值的 0.5 到 1.5 倍之间）以及高技术水平（研发密集

① RELPSHR 被定义为一个国家在特定产业中的份额相对于一国在总 GDP 中的份额，而不是相对于它在总制造产出中的份额。这是为了避免曲解一些国家比如 1970 年的德国和 1993 年的日本在制造业生产方面远远比其他国家更加专业化的事实。显然一个拥有大型制造业部门的国家将往往有许多产业的 RELPSHR 值大于 1。

② 研发密集度是以研发支出占该部门销售额的比重来衡量的。

度超过平均值的1.5倍)。

我们的研究揭示了在最早的研究年份1970年，在14个OECD国家的总制造业中，德国占14%，日本占13%，美国占40%。换句话说，这三个国家的总制造业在14个OECD国家的总制造业中占比达2/3。德国在14个OECD国家的总制造业中所占的份额要比它在14国GDP中的份额大得多（14%对9%），由此得出的RELPSHR指标为1.48。日本的产出份额与它的GDP份额（13%）几乎相等，其RELPSHR指标为1.01。美国的产出份额要相对小些（40%对45%），其RELPSHR值为0.89（表11.1给出了这些结果）。

德国1970年的生产明显地集中在饮料、成品油、石油和煤炭产品、工业化学品、汽车、电器、专业化商品和科学仪器（所有的RELPSHR值都超过1.8)。日本1970年的生产在塑料、玻璃和玻璃制品以及其他运输设备方面比较突出（所有的RELPSHR值都超过1.6)。美国主要专业化生产飞机（RELPSHR值为1.7)。

1970年，德国在除了飞机以外的高科技产业、汽车生产以及七个低技术水平产业中的相对份额领先所有国家。意大利在纺织、服装、鞋类、摩托车和自行车五个产业中处于领先地位。

表 11.1　1970 年和 1993 年德国、日本和美国的相对生产份额：在相关产业中领先的 OECD 国家；14 个 OECD 国家之间 RELPSHR 的变化系数[a]

| 产业 | 1970 年 | | | | 1993 年 | | | | 变化系数[b] | |
|---|---|---|---|---|---|---|---|---|---|---|
| | 德国 | 日本 | 美国 | 领先国家 | 德国 | 日本 | 美国 | 领先国家 | 1970 | 1993 |
| **全部制造业** | **1.48** | **1.01** | **0.89** | **德国** | **1.22** | **1.27** | **0.89** | **日本** | **0.18** | **0.21** |
| **低技术产业[c]** | | | | | | | | | | |
| 粮食 | 0.93 | 1.56 | 0.67 | 日本 | 0.84 | 1.16 | 0.78 | 丹麦 | 0.24 | 0.29 |
| 饮料 | 2.15 | 1.51 | 0.44 | 德国 | 1.62 | 0.82 | 0.61 | 英国 | 0.37 | 0.39 |
| 烟草 | 2.62 | 0.18 | 1.12 | 德国 | 3.94 | 0.24 | 0.70 | 荷兰 | 0.81 | 1.05 |
| 纺织 | 1.23 | 1.25 | 0.63 | 意大利 | 0.86 | 0.68 | 0.86 | 意大利 | 0.55 | 0.93 |
| 服装 | 1.26 | 1.08 | 0.81 | 意大利 | 0.55 | 1.04 | 0.97 | 意大利 | 0.31 | 0.65 |
| 皮革及皮革制品 | 1.47 | 1.15 | 0.48 | 比利时 | 0.86 | 1.12 | 0.48 | 意大利 | 0.74 | 1.04 |
| 鞋类 | 1.30 | 0.25 | 0.74 | 意大利 | 0.68 | 0.27 | 0.39 | 意大利 | 0.77 | 1.50 |
| 林产品 | 0.94 | 0.81 | 1.08 | 瑞典 | 0.86 | 0.59 | 1.23 | 瑞典 | 0.61 | 0.56 |
| 家具和家用什物 | 1.84 | 1.21 | 0.71 | 德国 | 1.31 | 0.85 | 0.82 | 意大利 | 0.27 | 0.48 |
| 纸和纸制品 | 0.99 | 0.80 | 1.06 | 芬兰 | 0.96 | 0.88 | 1.09 | 芬兰 | 0.76 | 0.89 |
| 印刷和出版 | 0.62 | 1.45 | 1.01 | 挪威 | 0.53 | 1.15 | 0.98 | 英国 | 0.34 | 0.27 |
| 石化 | 2.98 | 0.47 | 0.67 | 德国 | 2.30 | 0.67 | 0.60 | 法国 | 1.04 | 0.80 |

（续表）

| 产业 | 1970 年 | | | | 1993 年 | | | | 变化系数[b] | |
|---|---|---|---|---|---|---|---|---|---|---|
| | 德国 | 日本 | 美国 | 领先国家 | 德国 | 日本 | 美国 | 领先国家 | 1970 | 1993 |
| 石油和煤 | 2. 37 | 0. 39 | 1. 10 | 德国 | 1. 66 | 0. 52 | 1. 27 | 荷兰 | 0. 77 | 0. 63 |
| 橡胶制品 | 1. 68 | 0. 73 | 0. 94 | 德国 | 0. 94 | 1. 12 | 0. 95 | 意大利 | 0. 44 | 0. 14 |
| 塑料制品 | 1. 28 | 1. 72 | 0. 74 | 澳大利亚 | 1. 31 | 1. 31 | 0. 92 | 德国 | 0. 67 | 0. 31 |
| 陶制品和瓷器 | 1. 22 | 1. 19 | 0. 26 | 意大利 | 0. 88 | 1. 01 | 0. 28 | 意大利 | 0. 97 | 1. 28 |
| 玻璃和玻璃制品 | 1. 11 | 1. 65 | 0. 91 | 比利时 | 1. 56 | 1. 03 | 0. 75 | 比利时 | 0. 59 | 0. 70 |
| 非金属产品 | 1. 58 | 1. 27 | 0. 65 | 丹麦 | 1. 50 | 1. 22 | 0. 69 | 澳大利亚 | 0. 28 | 0. 36 |
| 铁和钢铁 | 1. 67 | 1. 28 | 1. 00 | 德国 | 1. 71 | 1. 66 | 0. 72 | 德国 | 0. 51 | 0. 44 |
| 非铁类金属 | 1. 25 | 1. 28 | 1. 01 | 挪威 | 1. 65 | 1. 41 | 0. 70 | 挪威 | 0. 64 | 0. 58 |
| 金属制品 | 1. 63 | 0. 76 | 0. 85 | 意大利 | 1. 69 | 1. 02 | 0. 89 | 德国 | 0. 42 | 0. 36 |
| 造船[h] | 0. 54 | 1. 26 | 0. 77 | 挪威 | 0. 72 | 1. 73 | 0. 71 | 芬兰 | 1. 06 | 0. 62 |
| 其他制造业 | 0. 66 | 1. 59 | 0. 87 | 英国 | 0. 40 | 2. 46 | 0. 71 | 日本 | 0. 67 | 0. 83 |
| **中等技术产业[c]** | | | | | | | | | | |
| 工业化工 | 2. 07 | 0. 89 | 0. 84 | 比利时 | 1. 49 | 0. 96 | 0. 88 | 比利时 | 0. 52 | 0. 72 |
| 铁路设备[h] | 0. 43 | 0. 48 | 0. 44 | 澳大利亚 | 0. 54 | 0. 71 | 0. 49 | 澳大利亚 | 0. 86 | 0. 67 |
| 汽车[h] | 1. 83 | 1. 38 | 0. 85 | 德国 | 1. 82 | 1. 64 | 0. 76 | 德国 | 0. 61 | 0. 75 |

（续表）

| | | | | | | | | | | |
|---|---|---|---|---|---|---|---|---|---|---|
| 摩托车和自行车[h] | 0.68 | 1.48 | 0.35 | 意大利 | 0.66 | 1.68 | 0.30 | 意大利 | 0.98 | 1.22 |
| 其他交通设备[h] | 1.15 | 2.07 | 0.00 | 荷兰 | 1.03 | 2.20 | 0.00 | 加拿大 | 0.90 | 1.16 |
| **高技术产业**[c] | | | | | | | | | | |
| 化工产品[d] | 1.57 | 0.85 | 1.09 | 德国 | 1.19 | 1.13 | 1.03 | 德国 | 0.36 | 0.29 |
| 非电子机械[e] | 1.74 | 0.93 | 0.86 | 德国 | 1.10 | 1.21 | 1.09 | 日本 | 0.41 | 0.31 |
| 电子机械[f] | 1.86 | 0.19 | 1.11 | 德国 | 1.18 | 2.23 | 0.74 | 日本 | 0.41 | 0.70 |
| 飞机[h] | 0.30 | 0.11 | 1.66 | 美国 | 0.40 | 0.15 | 1.76 | 美国 | 0.96 | 0.91 |
| 专业产品[g] | 2.29 | 0.38 | 1.20 | 德国 | 1.35 | 0.66 | 1.34 | 英国 | 1.01 | 0.68 |
| **如下国家之间相对生产份额的相关性：** | | | | | | | | | | |
| | | | 1970 年 | | | | | 1993 年 | | |
| 德国和美国 | | | 0.07 | | | | | −0.06 | | |
| 日本和美国 | | | −0.57 | | | | | −0.42 | | |
| 德国和日本 | | | −0.33 | | | | | −0.23 | | |
| **如下国家之间相对生产份额的等级相关性：** | | | | | | | | | | |

（续表）

| 产业 | 1970 年 | | | | 1993 年 | | | | 变化系数[b] | |
|---|---|---|---|---|---|---|---|---|---|---|
| | 德国 | 日本 | 美国 | 领先国家 | 德国 | 日本 | 美国 | 领先国家 | 1970 | 1993 |
| 德国和美国 | | | 1970 年 | | | | 1993 年 | | | |
| 日本和美国 | | | 0.17 | | | | −0.01 | | | |
| 德国和日本 | | | −0.49 | | | | −0.28 | | | |
| | | | −0.34 | | | | −0.09 | | | |

注：a. 国家 h 在产业 I 中的相对生产份额定义为：

$$\text{RELPSHR}_i^h = \frac{Y_i^h / \sum_h Y_i^h}{\text{GDP}^h / \sum_h \text{GDP}^h}$$

其中与国家 H 相关的总量基于有相关数据的 14 个国家，它们包括：澳大利亚、比利时、加拿大、丹麦、芬兰、法国、德国、意大利、日本、荷兰、挪威、瑞典、英国以及美国。

b. 变化系数定义为标准离差与（未经加权的）平均值的比率。

c. 产业的技术分类是以 OECD 国家在 1985 年生产中的研发平均密集度为基础的：低技术产业为低于 0.5 倍的研发平均密集度；中等技术产业为 0.5—1.5 倍的研发平均密集度；高技术产业为高于 1.5 倍的研发平均密集度。

d. 包括药品和其他化学品。

e. 包括办公设备。

f. 包括收音机、电视机、通信设备和家用电器。

g. 包括科学仪器。

h. 计算过程中不包括比利时。

日本只在一个产业中名列前茅（食品），美国只在一个产业里领先（飞机），比利时在三个产业（包括工业化学品）、瑞典在一个产业（木制品）、芬兰在一个产业（纸和纸制品）、挪威在两个产业（包括造船）、澳大利亚在两个产业（包括铁路设备）以及丹麦、荷兰和英国各在一个产业中领先。

20 多年以后，德国和美国在总制造业中的份额都下降 3 个百分点，但是日本却飙升 10 个百分点。事实上到 1993 年，日本的制造业产出是德国的两倍多，并达到美国的 60% 以上。到 1993 年，日本在总制造业中拥有了最高的 RELPSHR 值（1.27），德国的 RELPSHR 值下降到 1.22，而美国却保持在 0.89。

1993 年，德国极端地将生产集中在炼油和汽车工业（RELPSHR 值超过了 1.8），与此同时美国只专业化生产飞机（RELPSHR 值是 1.76）。日本现在却在许多产业中高度专业化，包括钢铁、造船、汽车、摩托车和自行车、其他运输设备以及电器（所有的 RELPSHR 值都在 1.6 以上）。到 1993 年，日本在总制造业和两个高科技产业（非电动机器和电动机器）以及其他制造业中领先。意大利在八个产业领先，英国和德国在三个产业领先，荷兰、芬兰、比利时和澳大利亚在两个产业领先，瑞典、法国、丹麦、加拿大、挪威和美国在一个产业领先。

表 11.1 中的最后一部分体现出三个国家相对产出份额分配之间的相关性（和等级相关性，rank correlation）。三个国家之间的低相关性相当突出。在 1970 年，德国和美国之间的相关系数是 0.07，日本和美国之间是 -0.57，德国和日本之间是 -0.33。等级相关性也很类似。在 1970 年到 1993 年，德国和美国之间的相关系数（和等级相关）稍稍转向负值，同时日本和美国以及德国和日本之间的系数保持负值。显然，三个国家在完全不同的产业中专业化生产，并且它们的专业化模式的差异随着时间的推移而略有变化。

## 11.2 跨国分散的趋势

我们接下来探讨用 RELPSHR 口径衡量的跨国分散状况。表 11.1 的最后两栏表示，每个国家在 1970 年到 1993 年各国之间的变化系数。在这一段时期中，没有明显的趋势：在 1970 年到 1993 年之间，在低科技群组中，13 个产业跨国分散化趋势增强，而 10 个产业的跨国分散化趋势减弱，在中等科技水平的群组中，4 个产业上升而 1 个产业下降，在高科技群组中 1 个产业上升而 4 个产业下降。最大的变化跨越了低科技和高科技产业：

纺织品（0.55—0.93）、鞋类（0.77—1.50）、塑料（0.67—0.31）、造船（1.06—0.62）、电器（0.41—0.70）以及专业商品（1.01—0.68）。到1993年，专业化程度最高的产业是烟草产品、纺织品、皮革制品、鞋类、陶瓷、摩托车和自行车、其他交通设备以及飞机（它们的变化系数都在0.9以上）。最为分散的产业是食品、饮料、印刷出版、塑料、非金属制品、金属制品、其他化工产品以及非电器（它们的变化系数都小于0.4）。这里两组产业跨越了低科技和高科技企业的范围。

从这些发达经济的要素禀赋总体上越来越相似的角度来看，制造业的专业化程度变化不大这一研究结果也许有些令人吃惊。另一方面，上述结果与如下发现相符，即从产业层面来看，生产率差异仍然较高，而且自20世纪70年代中期以来产业层面上的生产率跨国趋同倾向并不明显。显然，这些国家一直保持着它们在各个产业中的专业化。因此，尽管总的生产率在这些国家间有趋同倾向，但是产业层面上的生产率仍然有差异，而且生产模式也非常不同。

大多数国家的专业化模式长期以来保持不变也是令人吃惊的。表11.2给出了1970—1979年以及1970—1993年

**表 11.2　1970—1979 年和 1970—1993 年各国的产业相对生产份额随时间推移的相关性，以及 1970 年和 1993 年 RELPSHR 平方值之和**

| | 相对生产份额的对数相关性 [LN（RELPSHR）] | | 相对生产份额的等级相关性（RELPSHR） | | LN（RELPSHR）平方值之和 | |
|---|---|---|---|---|---|---|
| 国家 | 1970—1979 | 1970—1993 | 1970—1979 | 1970—1993 | 1970 | 1993 |
| 澳大利亚 | 0.97 | 0.85 | 0.94 | 0.73 | 31.9 | 31.2 |
| 比利时[a] | 0.88 | 0.75 | 0.86 | 0.73 | 22.5 | 20.6 |
| 加拿大 | 0.98 | 0.93 | 0.95 | 0.85 | 42.9 | 41.8 |
| 丹麦 | 0.99 | 0.94 | 0.97 | 0.85 | 64.3 | 59.3 |
| 芬兰 | 0.95 | 0.79 | 0.89 | 0.67 | 20.4 | 19.3 |
| 法国 | 0.99 | 0.98 | 0.87 | 0.84 | 33.5 | 32.7 |
| 德国 | 0.96 | 0.82 | 0.95 | 0.77 | 10.9 | 8.4 |
| 意大利 | 0.96 | 0.89 | 0.96 | 0.86 | 18.5 | 20.4 |
| 日本 | 0.88 | 0.71 | 0.86 | 0.64 | 18.3 | 12.1 |
| 荷兰 | 0.95 | 0.88 | 0.90 | 0.78 | 31.1 | 33.2 |
| 挪威 | 0.96 | 0.79 | 0.93 | 0.77 | 49.7 | 58.7 |
| 瑞典 | 0.95 | 0.64 | 0.92 | 0.58 | 13.1 | 18.6 |
| 英国 | 0.92 | 0.61 | 0.92 | 0.60 | 5.0 | 4.6 |
| 美国 | 0.98 | 0.95 | 0.93 | 0.70 | 20.4 | 21.2 |

注：除非另有说明，否则相关性和平方值之和是根据 33 个产业计算而来。

a. 除造船和维修、铁路设备、汽车、摩托车、自行车、其他交通工具以及飞机以外的所有产业。

每个国家按产业的 RELPSHR 对数值的相关系数。[①] 除了个别例外，这些相关性一直很高。在 1970—1979 年，14 个国家的相关系数为 0. 88 或者更高，而在 1970—1993 年，在 14 个国家中有 10 个国家的相关系数为 0. 79 或者更高。例外的国家包括比利时、日本、瑞典以及英国（尽管即便是这 4 个国家，相关系数也超过 0. 6）。

等级相关性也在表 11. 2 中得以体现，而且在 1970—1979 年这段时期，它们几乎与 LN（RELPSHR）的相关性同样强，14 个国家的 LN（RELPSHR）的相关性都超过 0. 85。然而，等级相关性在 1970—1993 年这段时期却比较弱（10 个国家超过 0. 70），并且其中 4 国（芬兰、日本、瑞典和英国）降到 0. 58—0. 69。这些结果说明，在 20 世纪 80 年代有着比 70 年代更大的产业重组。

即使各国倾向于保留其专业化生产的产业，但是随着时间的推移，其产出的产业构成仍然有可能变得更加相似——也就是说，它们越来越趋近于我们在这里分析的 14 国的平均产业构成。表 11. 2（最后两栏）应用了 LN（RELPSHR）的平方值之和，其中加总求和是在一国内部的各产业间进行的。

---

① RELPSHR 衡量法的一个不利特征是，它既不对称，又高度偏斜，值域从零到无穷。结果大于平均数的产业生产份额在相关系数的计算中获得比平均值（值域从 0 到 1）更大的比重。一个更好的计算是 RELPSHR 的对数，它有一个更正态的分布，并且给大于和小于平均值的生产份额以相等的权重。

这一衡量方法比较了每个国家的相对产业产出和既定产业内的跨国平均相对产出。[①] 如果随着时间的流逝，各国的专业化程度下降，那么其产出结构趋近于14个国家的总平均数，而这一指标应该下降。

根据这一指标，1970年丹麦是专业化程度最高的国家，紧接着是挪威和加拿大，而英国是专业化程度最低的国家。对于我们的讨论而言，要点是这些指标随时间的推移保持着相对稳定，日本是显著的例外（如该指标从1970年的18.3下降到1993年的12.1），挪威（指标从49.7上升到58.7），以及瑞典（从13.4到18.6）。不过，最明显的是平方值的总和（加总所有国家）在1993年和1970年几乎相等（两个年份都大约等于382）。这一结果再度说明这14个国家之间的专业化程度在23年的时间跨度中大体上保持不变。

## 11.3 各产业部门的国家领先模式

最后，让我们来探讨各产业部门的国家领先地位的稳定性问题（见表11.3）。是否在某种商品生产中获得领先地位的国家倾向于保持这种地位，就像在本书集中分析的情

① 由于国家间的LN（RELPSHR）的平均值通常为零（RELPSHR的平均值是1），平方值的和类似于一个方差值，它表明一国的产业生产与14个国家的平均值有多大的差异。

况一样？为了寻求该问题统计学意义上的答案，我们必须尽可能地减少经济周期波动的扭曲性影响。因此，如果一国在连续5年中至少有3年（或者在数据系列开始或者最后的连续两年中）获得RELPSHR最高值，我们就把它定义为领先国家。例如，从1970—1991年总制造业的相对产出份额来看，德国居领先地位，而后被日本取代。

值得注意的结论是，从各个产业的相对产出份额来看，相关国家在相关产业的领先地位相当稳定。在表11.3的33个产业中，相关国家在16个产业中的领先地位在整个研究期内都没有变化；而在14个产业中，只有一个国家的领先地位发生变化。在家具和家用什物以及塑料产品产业，有2个国家的领先地位发生变化，在非金属制品产业，有5个国家的领先地位发生变化。同样值得注意的是德国、日本和美国领先于高科技产业，然而，像本书的分析表明的那样，中等科技产业的领先地位就更广泛地分散在比利时、澳大利亚、德国、意大利、荷兰和加拿大之间。而且，一个更加有趣的变化是，日本取代了德国在两个高科技产业的领先地位，非电器（例如，计算机）和电器（例如，收音机、电视机以及通信设备）的领先地位。这些在产出份额的一般稳定性基础上的结果，是根据表11.2得来的，该表说明了各国家产业RELPSHR一直高度相关。

**表 11.3　1970—1993 年相关国家在 29 个制造业的相对生产份额中的领先地位及其变化**

| | 领先国家（年份） |
|---|---|
| 全部制造业 | 德国（1970—1991），日本（1992—1993） |
| 低技术产业 | |
| 粮食 | 日本（1970—1978），丹麦（1979—1993） |
| 饮料 | 德国（1970—1982），英国（1983—1993） |
| 烟草 | 德国（1970—1988），荷兰（1989—1993） |
| 纺织 | 意大利（1970—1993） |
| 服装 | 意大利（1970—1993） |
| 皮革及皮革制品 | 比利时（1970—1993），意大利（1975—1993） |
| 鞋类 | 意大利（1970—1993） |
| 林产品 | 瑞典（1970—1993） |
| 家具和家用什物 | 德国（1970—1975），比利时（1976—1979），意大利（1980—1993） |
| 纸和纸制品 | 芬兰（1970—1993） |
| 印刷和出版 | 挪威（1970—1978），荷兰（1978—1993） |
| 石化 | 德国（1970—1971），法国（1972—1993） |
| 石油和煤产品 | 挪威（1970—1977），荷兰（1978—1993） |
| 橡胶制品 | 德国（1970—1987），意大利（1988—1993） |
| 塑料制品 | 澳大利亚（1970—1981），日本（1982—1987），德国（1988—1993） |
| 陶制品和瓷器 | 意大利（1970—1993） |
| 玻璃和玻璃制品 | 比利时（1970—1993） |
| 非金属产品 | 丹麦（1970—1973），德国（1974—1976），丹麦（1977—1979），德国（1980—1984），芬兰（1985—1987），澳大利亚（1989—1993） |

（续表）

| | 领先国家（年份） |
| --- | --- |
| 铁和钢铁 | 德国（1970—1993） |
| 非铁类金属 | 挪威（1970—1993） |
| 金属制品 | 意大利（1970—1977），德国（1978—1993） |
| 造船和维修 | 挪威（1970—1981），芬兰（1982—1993） |
| 其他制造业 | 英国（1970—1980），日本（1981—1993） |
| **中等技术产业** | |
| 工业化工 | 比利时（1970—1993） |
| 铁路设备 | 澳大利亚（1970—1993） |
| 汽车 | 德国（1970—1993） |
| 摩托车和自行车 | 意大利（1970—1993） |
| 其他交通设备 | 荷兰（1970—1972），加拿大（1973—1993） |
| **高技术产业** | |
| 其他化工产品 | 德国（1970—1993） |
| 非电子机械 | 德国（1970—1989），日本（1990—1993） |
| 电子机械 | 德国（1970—1983），日本（1984—1993） |
| 飞机 | 美国（1970—1993） |
| 专业产品 | 德国（1970—1993） |

注：如果一国在连续 5 年内至少有 3 年获得了最高值，该国就被看作一个领先者。

## 11.4　结　论

在 1970 年，世界的主要工业化国家倾向于在突出异质的制造产业里进行专业化分工。三个最大的经济体——德国、日本和美国——1970 年的产业产出份额的相关性（和等级相关性）或者为负或者接近于零。在美国和分析中涉及的其他11个OECD国家之间，产出份额也存在着很低的相关性。而且，在这14个国家的专业化产业没有呈现随着时间推移而越来越相似的趋势。从某个产业的相对产出变化系数的跨国比较表明，各制造产业的专业化程度几乎没有什么变化。

大多数国家在1970—1993年保持了它们的专业化模式。在1970—1979年和1970—1993年，LN（RELPSHR）的产业相关系数对几乎所有国家来说都相当高。同样值得注意的是，从各个产业的相对产出份额来看，相关国家的领先地位相当稳定。在我们分析的33个产业中，16个产业的国家领先地位在整个研究期内都没有变化，在14个产业中，有一个国家的领先地位发生了变化。一国的专业化生产模式通常具有长期的稳定性由每个国家的LN（RELPSHR）的平方和证明，该平方和在1970年和1993年几乎相等。

一国的专业化生产模式通常具有长期的稳定性，在一定程度上证明本书提出的相关模型是重要的，但是也对赫克歇尔—俄林系列模型、对（也许）无成本进入以及规模收益不变或者递减的静态古典模型提出了一些疑问。本书修订的贸易模型强调在一个产业中的初始领先地位优势和产出增加带来的成本下降优势。与此相反，赫克歇尔-俄林模型表明，如果发达国家的相对要素丰裕度趋同，现实中也确实如此，那么它们专业化分工应该随着时间推移而变得越来越不显著。14 个 OECD 国家的总资本劳动比的变化系数（根据 OECD 的国际部门数据库计算而得）从 1970 年的 0.28 下降到 1992 年的 0.17。尽管这一相对要素丰裕度越来越接近，但这些国家在 1993 年的专业化生产产业倾向于和 1970 年一样。

如果企业拥有的科技资产或者体现在技术劳动中的科技资产影响了产业的专业化生产，那么投资于研发和熟练劳动的培训对推动产业的专业化生产有着非常重要的影响。而且如果许多这样的资产真的是产业专用的，那么过去的历史，以及过去和现在的政府政策可能会对上述各种资产的积累产生重大的影响，并因此极大地影响相关产业的领先地位。例如，美国集中投资于军工类产业的研究开发显然是美国在飞机、大型计算机以及通信领域占据领先地位的一个重要因素。另一方面，日本的产业政策一直把研发引向诸如汽车和消费电器等高端消费商品。过去的历史对特定产业来说也是重要的：很早就进入化学工业的德国和美国的大公司继续在这一产业投入大量研发资源，并保持很高的产出份额。

总而言之，根据相关数据，制造业贸易表明了我们预测的产业模式是保留性的，这就是这本书所探讨的主要问题。

# 参考文献

Arthur, W. Brain. 1989. Competing technologies, increasing returns and lock in by historical events. *Economic Journal* 99: 116 – 31.

Arrow, Kenneth. 1962. The economic implications of learning by doing. *Review of Economic Studies* 29: 155 – 73.

Balassa Bela. 1965. Trade liberalization and "revealed" comparative advantage. *The Manchester School* 33: 99 – 233.

Baumol, William J., John C. Panzar, and Robert D. Willig. 1988. *Contestable Markets and the Theory of Industry Structure*, rev. ed. San Diego: Harcourt Brace Jovanovich

Bhgawati, Jagdish N. 1958. Immiserizing growth: A geometrical note. *Review of Economic Studies* 25: 201 – 5.

Bhgawati, Jagdish N and T. N. Srinivansan. 1983 *Lectures on International Trade.* Cambridge: MIT Press., ch. 26.

Chandler, Alfred. 1977. *The Visible Hand: The Managerial Revolution in American Business.* Cambridge: Belknap Press.

Chichilnisky, Graciela, and Geoffrey Heal. 1986. *The Evolving Inter-*

*national Economy*. Cambridge: Cambridge University Press.

Chipman, John S. 1965. A survey of the theory of international trade: Part 2, the Neoclassical theory. *Econometrica* 33: 685 – 760.

Corden, Warner M. 1956. Economic expansion and international trade: A geometric approach. *Oxford Economic Papers* 8: 223 – 28.

Cournot, A. A. 1838. *The Mathematical Principles of the Theory of Wealth*. Englishtrans., New York: Macmillan Company, 1987.

David, Paul. 1985. Clio and the economics of Qwerty. *American Economic Review* 35: 332 – 37.

Dixit, Avinash K., and Victor D. Norman. 1980. *Theory of International Trade*. Cambridge: Cambridge University Press.

Dollar, David, and Edward N. Wolff. 1993. Competitiveness, *Convergence and International Specialization*. Cambridge: MIT Press.

Dornbush, Rudiger W, Stanley Fischer, and Paul A. Samuelson. 1977. Comparative advantage, trade and payments in a Ricardian model with a continuum of goods. *American Economic Review* 67: 823 – 39.

Edgeworth, F. y. 1925. *Papers Relating to Political Economy*. London: Macmillan.

Ethier, Wiilfred J. 1979. Internationally decreasing costs and world trade. *Journal of International Economics* 9: 1 – 24.

Ethier, Wilfred J. 1982. Decreasing costs in international trade and Frank Graham's argument for protection. *Econometrica* 50: 1243 – 68

Findlay, Ronald, and Harry Grubert. 1959. Factor intensities, technological progress and the terms of trade. *Oxford Economic Papers* 11: 111 –21.

Graham, Frank. 1923. Some aspects of protection further considered. *Quarterly Journal of Economics* 37: 199 –227.

Grossman, Gene M. , and Elhanan Helpman. 1991. *Innovation and Growth in the Global Economy*. Cambridge: MIT Press.

Hamilton, Alexander. 1791. *Reporton Manufactures*. Communicated to the U. S. Houseof Representatives, December 5, 1791. Reprinted in S. Mckee, ed. *Papers on Public Credit and Finance by Alexander Hamilton*. New York: Columbia University Press, 1934.

Helpman, Elhanan. 1984. Increasing returns, imperfect markets, and trade theory. In Ronald W. Jones and Peter B. Kenen, eds. , *Handbook of International Economics*, vol. 1. Amsterdam: Noth Holland, pp. 325 –65.

Helpman Elhanan. 1994. Technology and trade. Working Paper 4926. National Bureau of Economic Research, Cambridge, MA.

Helpman Elhanan, and Paul R. Krugman. 1985. *Market Structure and Foreign Trade*. Cambridge: MIT Press, 1985.

Hicks, J. R. 1953. An inaugural lecture. *Oxford Economic Papers* 5117 –35.

Hicks, J. R. and R. G. D. Allen. 1934. A reconsideration of the theory of value. *Economica* 1: 52 –76, 196 –219.

Hume, David. 1741 –42. *Essays, Literary, Moral and Political*. Edinburgh: Alexander Kincaid. Volume 1, 1741, volume 2, 1742; reprinted with corrections and additions, 1748.

Hymans, S. H., and F. P. Stafford. 1995. Divergence, convergence, and the gains from trade. *Review of International Economics* 3: 118 – 23.

Irwin, Douglas A 1996. *Against the Tide: An Intellectual History of Free Trade.* Princeton: Princeton University Press.

Johnson, G. E., and F. P. Stafford. 1993. International competition and real wages. *American Economic Review* 83: 127 – 30.

Johnson, G. E., and F. P. Stafford. 1998. Technology regimes and the distribution of real wages. In Gunnar Elaisson and Christopher Green, eds., *Microfoundations of Economic Growth: A Schumpeterian Perspective.* Ann Arbon, MI: University of Michigan Press, pp. 348 – 68.

Johnson, Harry G. 1955. Economic expansion and international trade. *Manchester School of Economic and Social Studies* 95 – 112.

Johnson, Harry G. 1971. *Aspects of the Theory of Tariffs.* Cambridge: Harvard University Press.

Kahn, Alfred E. 1988. *The Economics of Regulation.* Cambridge: MIT Press 2nd ed.

Kaserman, D. L., and J. H. Mayo. 1995. *Government and Business: The Economics of Antitrust and Regulation. Fort* Worth, TX: Dryden Press.

Kemp, M. c. 1964. *The Pure Theory of International Trade.* Englewood Cliffs, NJ: Prentice Hall.

Knight, Frank H. 1924. Some fallacies in the interpretation of social cost. *Quarterly Journal of Economics* 38: 582 – 606.

Krugman, Paul R. 1979. Increasing returns, monopolistic competition and international trade. *Journal of International Economics* 9: 469 – 79.

Krugman, Paul R. 1983. Ta rgeted industrial policies: Theory and evidence. *Industrial Change and Public Policy*. Kansas City, MO: Federal Reserve Bank, pp. 123 – 55.

Krugman, Paul R. 1984. The U. S. response to foreign industrial targeting and the U. S. economy. *B rookings Papers on Economic Activity*, Spring: 77 – 121.

Krugman, Paul R. 1985. A "Technology Gap" Model of International Trade. In K. Jungenfelt and D. Hague, eds., *Structural Adjustment in Developed Open Economics*. New York: St. Martin's Press, pp. 35 – 49.

Krugman, Paul R. 1987. Is free trade passé? *Journal of Economic Perspectives* 1: 131 – 44.

Krugman, Paul R. 1991. History versus expectations. *Quarterly Journal of Economics* 106: 651 – 67.

Krugman, Paul R. and Robert Lawrence. 1993. Trade, jobs and wages. Working Paper 4478. National Bureau of Economic Research. Cambridge, MA.

Krugman, Paul R. and A. Venables. 1992. Integration, specialization andadjustment. Centre for Economic performance, London School of Economics.

Landes, David. 1969. *The Unbound Prometheus*. Cambridge: Cambridge University Press.

List, Friedrich. 1841. *Die Theories das Nationalen Systems der Politischen. öeconomie*, Stuttgart Verlag der Konigl. Hofbuchhandlung von Julius Weise, English trans. , 1885.

Marshall, Alfred. 1879. *Pure Theory (Foreign Trade – Domestic Values)*. Privately printed 1879, Reprinted, London School of Economics, 1930.

Marshall, Alfred. 1890 – 1920. *Principles of Economics*. London: Macmillan. First edition published 1890, 8th edition 1920.

Matthews, R. C. O. 1949 – 50. Reciprocal demand and increasing returns. *Review of Economic Studies* 17: 149 – 58.

McCloskey, D. N. 1981. Enterprise and trade in Victorian Britain. London: George Allen and Unwin.

Meade, J. E. 1952. *A Geometry of International Trade*. London: George Allen and Unwin.

Mill, John Stuart. *Principles of Political Economy*, rev. ed. New York: Colonnal Press. First edition published 1848.

Mishan, E. J. 1995. The long – run dollar problem: A comment. *Oxford Economic Papers* 7: 215 – 20.

Nadri, M. Ishaq, and Banani Nandi, 1999. Benefits of communications infrastructure capital in U. S, economy. (*Forthcoming in Economics of Innovation and New Technology*), December.

Pigou, A. C. 1906. *Protective and Prefe rential Import Duties*. London: Macmillan. Pigou, A. C. 1932. The Economics of Welfare, 4th ed. London: Macmillan.

Romer, Paul. 1994 New goods, old theory and the welfare costs of trade restrictions. *Journal of Development Economics* 43: 5 – 38.

Roy, R. 1942. *Dei'Utilité: Contributiona la théorie deschoix.* Paris.

Sameulson, Paul A. 1953. Consumption theorems in terms of overcompensation rather than indifference comparisons. *Economica* 20: 1 – 19.

Scitovsky, Tibor. 1947. A reconsideration of the theory of tariffs. *Review of Economics Studies* 9: 89 – 110.

Sharkey, W. 1982. *The Theory of Natural Monopoly.* Cambridge: Cambridge University Press.

Spencer, Babara J., and James A. Brander. 1983. International R&D rivalry and industry strategy. *Review of Economic Studies* 50: 707 – 22.

Smith, Adam. 1776 *An Inquiry into the Nature and Causes of the Wealth of Nations*, Edwin Cannan, ed, London: Methuen, 1904

Summers, Robert, and Alan Heston. 1991. The Penn World Table (Mark 5): An expanded set of international comparison, 1950 – 1988. *Quarterly Journal Economics* 106: 327 – 68. Also available at: http://pwt.econ.upenn.edu.

Tyson, Laura d'Andrea. 1992. *Who's Bashing Whom: Trade Conflict on High Technology Industries.* Washington DC: Institution for International Economics.

Viner, Jacob. 1931. Cost Curves and Supply Curves. *Zeitschrift für Nationalöconomie* 3: 23 – 46.

Viner, Jacob. 1937. *Studies in the Theory of International Trade.* New

York: Harper.

Viner, Jacob. 1950. *The Customs UnionIssue*. New York: Carnegie Endowment for the International Peace.

Wicksell, Kunt. 1901. *Lectures on Political Economy*. London: Routledge. English translation of the third edition, 1934.